图说武当秘技系列（二）

武当秘传筋经功

阎彬 著

人民体育出版社

图书在版编目（CIP）数据

武当秘传筋经功 / 阎彬著. -- 北京：人民体育出版社, 2025. -- (图说武当秘技系列). -- ISBN 978-7-5009-6573-2

Ⅰ.G852

中国国家版本馆CIP数据核字第2024HQ8066号

*

人民体育出版社出版发行
三河兴达印务有限公司印刷
新 华 书 店 经 销

*

880×1230　32开本　9.875印张　263千字
2025年4月第1版　2025年4月第1次印刷
印数：1—3,000册

*

ISBN 978-7-5009-6573-2
定价：45.00元

社址：北京市东城区体育馆路8号（天坛公园东门）
电话：67151482（发行部）　　邮编：100061
传真：67151483　　　　　　　邮购：67118491
网址：www.psphpress.com

（购买本社图书，如遇有缺损页可与邮购部联系）

丛书绘图组

高 翔　丁亚丽
高 绅　李梦瑶

总 序

2017年，中共中央办公厅、国务院办公厅印发了《关于实施中华优秀传统文化传承发展工程的意见》（以下简称《意见》），并发出通知，要求各地区各部门结合实际认真贯彻落实，体现了党和政府对中华优秀传统文化的重视。

在国民教育方面，《意见》提出，加强中华优秀传统文化相关学科建设，重视保护和发展具有重要文化价值和传承意义的"绝学"、冷门学科。在保护传承文化遗产方面，《意见》提出，推动民族传统体育项目的整理研究和保护传承。

中华武术有着数千年的发展历史，是中华民族在社会实践中创造的宝贵财富，是中华文化的重要组成部分。武当武术作为"内家之宗"，在武术爱好者中具有较高的认知度。正是基于此，我们策划了这套"图说武当秘技系列"丛书。

本套丛书种类齐全，既有养生法，又有技击术，还有大力功，精心选取与展现了丰富多彩的武当诸派秘技；注重练法，注重实效，突出"图说"，简明扼要，便于阅读和学习。丛书编写者都是武当武术相关的专家、学者、教授，他们既有自身体验又有教学经验，既有很高的技术水平又有很深的学术造诣。当然，不足之处在所难免，欢迎读者批评指正，以利今后进一步充实与完善。

内容提要

武当筋经功，是一种比较独特的内外兼修、练养结合的秘传功夫。筋经功与少林易筋经有异曲同工之妙，但又与易筋经有所不同，其有着自己独特的练法要求与修炼追求。

何谓筋经功？简单来讲，就是"外练其筋，内练其经，坚持为功"。

"筋"与"经"，是传统功夫的常用俗语，均源自中医。"筋"主要指肌腱与韧带。"经"主要指经络与经筋。

"外练其筋"，是通过独特的姿势与动作，来舒筋活血，去痹补虚；抻筋拔骨，通关利节；强筋壮骨，增劲添力。

"内练其经"，是以"外练其筋"为根，由外引内，由外及内，再辅以相应的呼吸吐纳与意念指引，来通经活络，坚实脏腑；健肺益气，补养真元；活血化瘀，预防疾病；荡除积滞，去除顽症。

"坚持为功"，是要勤修秘法，筋经合练，相得益彰，持之以恒，自然有成。

武当筋经功以"练养相兼，积健为雄"为要则，可谓"武功文式"。练时要集中精神，注重动作，以动带息。讲究息从外动，相随相依；由浅入深，自然顺遂。久则形动气贯，内外浑元，周身太和。

一、武当筋经天柱功，是武当筋经功的一套基础功法，因其注重对颈椎骨节与颈项筋经的锻炼而得名。此功共由九式组成，切合道家阳极之数，动作不多，方法简单，容易学练，对伏案久坐的"低头一族"尤其实用。

二、武当筋经抻拔功，又叫"筋健功"，是武当筋经功的重要功法。此功拉伸柔和，运劲自然；屈伸有度，开合分明；动静相兼，舒顺连绵。练之可使人通体松活，肢节灵便；筋骨强壮，体能提高；经络舒顺，气血充盈；脏腑安康，精力旺盛，是一套非常优秀的筋经保健功。武当筋经抻拔功偏重养生，没有实战追求，与一般武术入门的抻拔功有所不同。

三、武当筋经导引功，是一种独特的武当传统筋经功。此功偏重"导引"，注重养生；使用"柔劲"，"柔筋养身"；姿势多变，长短相宜。

四、武当筋经大壮功，练之可"大增气力，壮健身体"，是武当筋经功的重要功法。此功兼顾整体，锻炼全面，以筋骨的舒展与抻拔动作，导引与调畅人体的"十四经"，诀曰："龙屈虎伸畅任督，青牛望月手太阴，掌抱日月手阳明，铁牛耕地足阳明，牛劲虎势足太阴，抓石补天手少阴，二郎担山手太阳，打躬作揖足太阳，三盘落地足少阴，霸王举鼎手厥阴，推窗望月手少阳，神龙探爪足少阳，游龙吊尾足厥阴，万法归宗八脉通。"

五、武当筋经浑元功，是武当筋经功的一套传统秘功，诀曰："调手通臂，腰腿连体。周身排击，浑元一气。"此功以"五段调手功"为根、为重，使双臂灵活，两手有力；继以"蹲挺式"增强腿脚力量，使桩步坚壮；再以"探海式"与"扳角式"拉伸腰背筋经，使腰部柔韧灵活；辅以"里合式"，通过仰卧来勾腰举腿，渐使周身合劲；最后以"排击法"增强卫气，丰实肌骨，坚壮筋膜。

目　录

第一章　武当筋经天柱功（九式）/ 2

　　第一式　黄龙抬头 / 4

　　第二式　朱雀含颌 / 6

　　第三式　玄武观月 / 8

　　第四式　青龙侧首 / 10

　　第五式　白虎卧听 / 12

　　第六式　一柱擎天 / 14

　　第七式　犀牛望月 / 16

　　第八式　青牛观蹄 / 18

　　第九式　阴阳运转 / 22

第二章　武当筋经抻拔功（十二式）/ 26

　　第一式　仙人作揖 / 28

　　第二式　仙人推磨 / 32

　　第三式　渔翁摇橹 / 35

　　第四式　夫子拱手 / 38

第五式　纤夫拧绳 / 41
第六式　雏鹰振翼 / 44
第七式　子午循环 / 46
第八式　鸱视狼顾 / 50
第九式　青龙白虎 / 53
第十式　左顾右盼 / 56
第十一式　升天入地 / 61
第十二式　仙鹤伸腿 / 66

第三章　武当筋经导引功（十二式）/ 70

第一式　降龙伏虎 / 72
第二式　白虎练爪 / 78
第三式　炼石补天 / 84
第四式　仙鹤振翅 / 90
第五式　青龙摆尾 / 95
第六式　开根拔节 / 100
第七式　懒龙伸腰 / 108
第八式　松肩拔背 / 113
第九式　乌龙搅水 / 119
第十式　气贯长虹 / 125
第十一式　玄武望月 / 130
第十二式　闲庭游步 / 136

目 录

第四章 武当筋经大壮功（十四式）/ 142

第一式 龙屈虎伸 / 144
第二式 青牛望月 / 149
第三式 掌抱日月 / 154
第四式 铁牛耕地 / 160
第五式 牛劲虎势 / 167
第六式 抓石补天 / 173
第七式 二郎担山 / 180
第八式 打躬作揖 / 186

第九式 三盘落地 / 194
第十式 霸王举鼎 / 204
第十一式 推窗望月 / 212
第十二式 神龙探爪 / 219
第十三式 游龙吊尾 / 226
第十四式 万法归宗 / 233

第五章 武当筋经浑元功（十式）/ 242

第一式 初段调手功 / 244
第二式 二段调手功 / 253
第三式 三段调手功 / 260
第四式 四段调手功 / 270
第五式 五段调手功 / 276
第六式 蹲挺式 / 282
第七式 探海式 / 285
第八式 扳角式 / 290
第九式 里合式 / 292
第十式 排击法 / 293

第一章
武当筋经天柱功（九式）

武当筋经天柱功，是武当筋经功的一套基础功法，因其注重对颈椎骨节与颈项筋经的锻炼而得名。

何谓"天柱"？"天柱"指天柱骨，人体结构名，即颈柱骨，又名旋台骨、玉柱骨、颈骨、大椎骨，即第四、五、六颈椎的合称。《穴名释义》曰："人体以头为天，颈项犹擎天之柱。"《医宗金鉴·正骨心法要旨》曰："旋台骨，又名玉柱骨，即头后颈骨三节也。"清代沈彤的《释骨》记

载：" 骨三节，植颈项者，通曰柱骨。"张介宾注："肩背之上、颈项之根，为天柱骨。"

此功共由九式组成，切合道家阳极之数，动作不多，方法简单，容易学练，对伏案久坐的"低头一族"尤其实用。劳作之余，练习一会，诸如颈项强痛、颈项酸麻、脖颈僵硬、头昏脑胀、眼花耳鸣等症，皆可有效缓解。

第一式　黄龙抬头

【功法分解】

1. 两脚小开步（两脚开距与肩同宽，两腿伸直），正身直立；两手掐"子午诀"，抱于小腹；两目垂帘，意守丹田；闭唇合齿，以鼻深吸长呼，调息3～6次。（图1-1）

子午诀：道家最具代表性的手诀之一，全称"子午八卦连环诀"。中指指尖为午位，无名指指根为子位；抱法为男左、女右，即男性为右掐、左抱，女性为左掐、右抱。以男性为例，左手虎口与右手虎口相叉，左手拇指按在右手无名指指根为"子诀"，其余四指合抱在右掌背上。右手拇指掐在右手中指指尖处为"午诀"。左手在外，右手在内，为阳抱阴（男子左手为阳，右手为阴）。

图1-1

丹田：《武当内功秘诀》载，"丹田，俗名小腹，乃元气之府。元气乃生命之本，元气足则康，元气盈则壮。"

2. 头部缓缓上顶（虚领顶劲），使颈椎中正上起。两目张开，平视前方。（图1-2）

图1-2

3. 枕部缓缓后压，使颈部向后弯曲；头部与胸部"两相争劲"（使暗劲相争，以抻拉颈筋；动形很小，以意用力，若有若无，故谓"暗劲"）。目视上方。定势后停住，保持力度，坚持数秒。（图1-3）

4. 将头颈恢复到第2动姿势；再度仰抬。如此反复练习。（图略）

初练以6遍为宜；之后次数渐增，以自感舒适为度。此式重在后屈项部。

图1-3

第二式　朱雀含颌

【功法分解】

1. 小开步；深呼吸。同"黄龙抬头"第1动。（图1-4）

图1-4

2. 头部缓缓向前下低，使颈部向前弯曲。目视下方。（图1-5）

图1-5

3. 下颌尽量向天突穴部收屈，颈椎中段向后上方拱起成弓形；头部与背部两相争劲。定势后停住，保持力度，坚持数秒。（图1-6）

4. 头颈回正；再度前屈。（图略）

上述诸功，反复练习，次数自定。

图1-6

第三式　玄武观月

【功法分解】
1. 小开步；深呼吸。同"黄龙抬头"第1动。（图1-7）

图1-7

2.下颌缓缓向上抬起，使面部向上。双目用力上翻。（图1-8）

图1-8

3.下颌继续上仰，与胸部两相争劲。定势后停住，保持力度，坚持数秒。（图1-9）

4.将颈椎回正；再度后折。（图略）

上述诸动，反复练习，次数自定。

此式重在伸展喉部，练法虽与"黄龙抬头"相似，但目的不同，用意有别，读者请注意。

图1-9

第四式　青龙侧首

【功法分解】

1. 小开步；深呼吸。同"黄龙抬头"第1动。（图1-10）

图1-10

第一章　武当筋经天柱功（九式）

2. 颈部缓缓向左侧弯。目视下方。（图1-11）

图1-11

3. 颈部继续向左侧弯，使左耳尽量贴近左肩峰；头部与右肩两相争劲。定势后停住，保持力度，坚持数秒。（图1-12）

上述诸动，反复练习，次数自定。

图1-12

11

第五式　白虎卧听

【功法分解】
1. 小开步；深呼吸。同"黄龙抬头"第1动。（图1-13）

图1-13

第一章 武当筋经天柱功（九式）

2. 颈部缓缓向右侧弯。目视下方。（图1-14）

图1-14

3. 颈部继续向右侧弯，使右耳尽量贴近右肩峰；头部与左肩两相争劲。定势后停住，保持力度，坚持数秒。（图1 15）

上述诸动，反复练习，次数自定。

图1-15

13

第六式 一柱擎天

【功法分解】

1. 小开步；深呼吸。同"黄龙抬头"第1动。（图1-16）

图1-16

第一章 武当筋经天柱功（九式）

2. 头部缓缓上顶，使颈椎中正上起；两肩下沉，两肘下垂（沉肩垂肘）。目视前方。（图1-17）

图1-17

3. 头部继续上顶，两肩继续下沉，使头部与肩部两相争劲。定势后停住，保持力度，坚持数秒。（图1-18）

上述诸动，反复练习，次数自定。

图1-18

15

第七式　犀牛望月

【功法分解】

1. 小开步；深呼吸。同"黄龙抬头"第1动。（图1-19）

图1-19

2. 头部缓缓向左上方旋扭，与胸部两相争劲；目视左上方。定势后停住，保持力度，坚持数秒。（图1-20）

图1-20

3. 头部缓缓回正。
（图1-21）

图1-21

4. 头部再向右上方旋扭，练法同上。
（图1-22）

上述诸动，反复练习，次数自定。

图1-22

第八式　青牛观蹄

【功法分解】

1. 小开步；深呼吸。同"黄龙抬头"第1动。（图1-23）

图1-23

2. 两手松开，右掌心按住肚脐，指尖向左；同时，左掌置于身后，用掌背贴住腰骶部，指尖向右。（图1-24）

图1-24

3. 头部缓缓向左侧旋转，与胸部两相争劲；目视左方。定势后停住，保持力度，坚持数秒。（图1-25）

图1-25

4.头部缓缓再向左后下方旋扭，与右肩两相争劲。定势后停住，保持力度，坚持数秒。目视左后下方。（图1-26）

图1-26

图1-27

5.头部回正；同时，右掌置于身后，掌背贴住腰骶，指尖向左；左掌前移至肚脐前，用掌心按住，指尖向右。目光内敛。（图1-27）

6. 接练右势，练法参上。（图1-28～图1-30）

上述诸动，反复练习，次数自定。

图1-28

图1-29

图1-30

第九式　阴阳运转

【功法分解】

1. 小开步；深呼吸。同"黄龙抬头"第1动。（图1-31）

图1-31

2. 头部向左含颔下低，以此为起点。目随头动。（图1-32）

图1-32

3. 头部缓缓向左斜上方旋起。（图1-33）

图1-33

4. 头部缓缓后仰。（图1-34）

图1-34

5. 头部缓缓右转。（图1-35）

图1-35

6. 头部缓缓向右下低。（图1-36）

图1-36

7. 头部再向左转，回至左肩前侧为一圈。此为左势。（图略）
8. 接练右势，练法参上。（图略）

上述诸动，反复练习，次数自定。

此式练时，要求脖颈放松，连贯自然，可活泼气血，使颈节灵活。

第二章

武当筋经抻拔功（十二式）

武当筋经抻拔功，又叫"筋健功"，是武当筋经功的重要功法，练法较多，今选十二式，以飨读者。

此功拉伸柔和，运劲自然；屈伸有度，开合分明；动静相兼，舒顺连绵。练之可使人通体松活，肢节灵便；筋骨强壮，体能提高；经络舒顺，气血充盈；脏腑安康，精力旺盛，是一套非常优秀的筋经保健功。

武当筋经抻拔功，与一般武术入门的抻拔功有所不同。武术抻拔功，也叫"柔软功"，俗称"拉筋法"，主要有柔腿功、柔腰功两种，可提高腰腿柔韧度，为后续学习拳法或技击的高难度动作服务，如下俯腰、后拗腰、溜腿功、朝天蹬、一字劈等，比较适合青少年练习。武当筋经抻拔功，偏重养生，没有实战追求，练时要有"抻拔"之意，以舒展筋骨、活泼气血、增强体质，而且速度要慢，不得过度用力。

第一式　仙人作揖

【功法分解】

1. 两脚并步，正身直立；两掌垂于体侧，指尖向下，掌心向里。目视前方。（图2-1）

图2-1

2. 两掌向前直臂平举，虎口向下，掌背相贴，指尖向前，高与肩平。目视两掌。（图2-2）

图2-2

3. 两掌十指相扣（此为反扣，虎口向下，手背向里，手心向外）。（图2-3）

图2-3

4. 两臂屈肘，两手收至胸前，手心向下。（图2-4）

图2-4

5. 两手下伸，置于腹前，手心向下，两肘伸直。目视下方。（图2-5）

图2-5

6. 两手上提，置于胸前，手心向下，两肘分张。目视前方。（图2-6）

图2-6

7. 两手直臂前伸，手心向前，臂与肩平。（图2-7）

图2-7

8. 十指松开，两掌下落于体侧；放松身体，调匀呼吸。（图2-8）

以上诸动，反复练习，次数自定。

图2-8

第二式　仙人推磨

【功法分解】

1. 接上式，左脚前上一步，成左高虚步；同时，两手半握拳（手心含劲），提于胸侧（腋前），拳心向下，拳面向前，两肘尖斜向后。目视前下方。（图2-9）

图2-9

2. 左脚前滑，右腿蹬伸，成左弓步（横势）；同时，身向右转，两拳向右前方冲伸而去，拳心向下，拳眼相对，两臂平行，高与肩平。（图2-10）

图2-10

3. 身向左转；两拳向左前方直臂摆伸，拳势与高度不变。目视两拳。（图2-11）

图2-11

4. 两手屈肘收回胸侧；同时，重心右移，左脚稍撤，成左高虚步。目视前方。（图2-12）

图2-12

5. 左脚稍进，成左弓步；两拳向左前方冲伸，再向右前方摆伸；最后成左高虚步，两拳收至胸侧。练法同上，为顺逆之别。（图2-13~图2-15）

6. 继换右势（右弓步），练法参上。（图略）

此势诸动，模拟推磨之态，反复练习，次数自定。

图2-13 　　　　　　　　　图2-14

图2-15

第三式　渔翁摇橹

【功法分解】

1. 接上式（练至右势最后一动时，为右高虚步、两拳置于胸侧）。身向后仰；两拳向上提起，置于肩前，两拳心向前，拳面斜向上，两肘下沉夹肋。目视前方。（图2-16）

图2-16

2．右脚前滑，左腿蹬伸，右腿屈膝前弓，成右弓步；同时，两拳立腕向前平推（此时拳心向前，拳面斜向上），至两臂伸直时，再将两腕伸直，使拳面向前，两臂平行，高与肩平。（图2-17、图2-18）

图2-17

图2-18

3. 重心后移,两臂屈肘向后下收(此时拳心向下),至两腰侧时,以弧线上提至两肩前,两拳心向前,拳面斜向上,两肘夹肋;同时,右脚稍撤,还原成右高虚步。(图2-19、图2-20)

4. 换练左势,练法参上。(图略)

此式诸动,模拟划船摇橹之态,反复练习,次数自定。

图2-19

图2-20

第四式　夫子拱手

【功法分解】

1. 两脚并步，正身直立；两掌垂于体侧，指尖向下，掌心向里。目视前方。（图2-21）

图2-21

2. 两臂前提直伸，两掌十指相扣（此为正扣，虎口向上，手心向里），约与肩平。（图2-22）

图2-22

3. 两手屈肘，使掌心收贴于胸前，两肘左右抬平。（图2-23）

图2-23

4. 两手翻腕，使掌心向前，随即伸臂向前推出，约与肩平。（图2-24、图2-25）

以上诸动，反复练习，次数自定。

图2-24

图2-25

第五式　纤夫拧绳

【功法分解】

1. 接上式。两掌十指松开，两腕交叉，右上左下，两虎口均向下，掌心斜相对，指尖斜向外。目视前方。（图2-26）

图2-26

2．两掌十指相扣（此为缠扣，两腕缠绕，虎口斜向下，掌心相对）。（图2-27）

图2-27

3．两手收至胸前，虎口斜向内，屈肘勾腕。（图2-28）

图2-28

4．两手转腕，上提至下颌前，虎口斜向前，垂肘竖臂。（图2-29）

图2-29

5．两手向前伸展，约与肩平（两手缠扣不松，右手仍然在上，左手在下），至一定限度即可（不可过度，不可过猛，以免扭伤；尤其初练者，注意保持手臂弯曲度）。（图2-30）

6．换练左势（即左手在上缠扣），练法参上。（图略）

以上诸动，反复练习，次数自定。

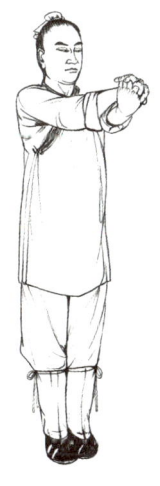

图2-30

第六式 雏鹰振翼

【功法分解】

1. 两脚并步,正身直立;两掌垂于体侧,指尖向下,掌心向里。目视前方。(图2-31)

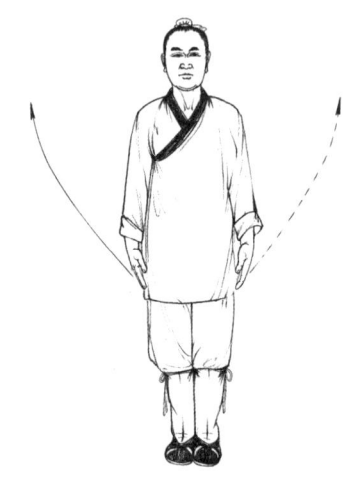

图2-31

2. 两掌向两侧展臂伸开,掌心向下,指尖向外。(图2-32)

图2-32

3. 屈肘缩臂，肘尖向下，掌心向下，掌背约与肩平。（图2-33）

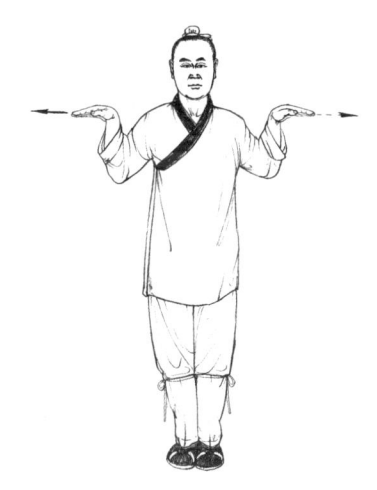

图2-33

4. 挺腕伸臂，两臂平展。（图2-34）

5. 再缩再伸，形如雏鹰缩翅。（图略）

以上诸动，反复练习，次数自定。

图2-34

第七式　子午循环

【功法分解】

1. 接上式。两掌后旋，稍向下落，掌心向上，指尖向外，略低于肩，两臂微屈。目视前方。（图2-35）

图2-35

2. 屈两臂，收至胸前交叉，右臂在外，左臂在内，掌心向里，指尖斜向外上方，高过肩头。（图2-36）

图2-36

3. 两臂伸直弧形下落，至小腹前交叉（变成右内左外），两虎口向外，掌背向前。（图2-37）

图2-37

4．两掌一齐向上扬起，至头顶正上方时，向两侧下落展伸，掌心向上，指尖向外，略低于肩。（图2-38）

图2-38

5．两掌向上划弧，至头顶正上方时，向腹前交臂下落，右臂在上，左臂在下，指尖斜向外。（图2-39）

图2-39

6. 屈两臂收至胸前交叉，左臂在外，右臂在内，掌心向里，指尖斜向外上方，高过肩头。（图2-40）

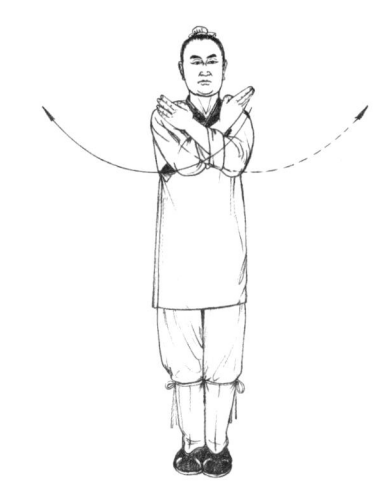

图2-40

7. 两掌下落，约至与胸平时，向左右分开伸展，掌心向上，指尖向外，略低于肩。（图2-41）

以上诸动，顺逆循环，反复练习，次数自定。

图2-41

第八式　鸥视狼顾

【功法分解】

1. 接上式。两掌屈肘上收，十指相扣抱住后脑，虎口向下；挺胸，展开两腋。（图2-42）

图2-42

2. 并步不变；上身左转。目视左后方。（图2-43）

图2-43

3. 身体回正。（图2-44）

图2-44

4. 上身右转。目视右后方。（图2-45）

图2-45

5. 身体回正。（图2-46）

以上诸动，反复练习，次数自定。

图2-46

第九式 青龙白虎

【功法分解】

1. 两脚并步,正身直立;两掌垂于体侧,指尖向下,掌心向里。目视前方。(图2-47)

图2-47

2. 左臂屈肘向左、向上划弧，经下颌至右腮外侧，左掌掌心向里，指尖斜向右上。（图2-48）

图2-48

3. 左掌向下、向左划弧，至左胯外侧，随即伸臂勾腕，掌心向上，指尖斜向左外侧。（图2-49、图2-50）

图2-49 　　　　图2-50

4. 右臂屈肘向右、向上划弧，经下颌至左腮外侧，右掌掌心向里，指尖斜向左上；同时，左掌顺势向左后摆，置于左臀外侧。（图2-51）

图2-51

5. 右掌向下、向右划弧，至右胯外侧，随即伸臂勾腕，掌心向上，指尖斜向右外侧；同时，左掌下伸，掌心向里，指尖向下。（图2-52、图2-53）

以上诸动，反复练习，次数自定。

图2-52

图2-53

第十式　左顾右盼

【功法分解】

1. 两脚并步，正身直立；两掌垂于体侧，指尖向下，掌心向里。目视前方。（图2-54）

图2-54

2. 左脚横开一步，成大开步（两脚间距宽于两肩）；同时，两掌伸向臀后，十指相扣，掌心向上，直臂勾腕，虎口贴身；挺胸收腹。目视前方。（图2-55、图2-55附图）

图2-55

图2-55附图

3. 上身向左旋转；两手离身，后撑助劲。目视左后方。（图2-56）

图2-56

4. 上身回正；两手贴身。目视前方。（图2-57）

图2-57

5. 上身向右旋转；两手离身，后撑助劲。目视右后方。（图2-58）

图2-58

6. 上身回正；两手贴身。目视前方。（图2-59）

图2-59

7. 上身向左侧屈；两手离身，向右摆动。目视右上方。（图2-60）

图2-60

8. 上身向右侧屈；两手向左摆动。目视左上方。（图2-61）

以上诸动，反复练习，次数自定。

图2-61

第十一式　升天入地

【功法分解】

1. 两脚并步，正身直立；两掌垂于体侧，指尖向下，掌心向里。目视前方。（图2-62）

图2-62

2. 两掌直臂向前上方合掌，举于头顶正上方，指尖向上。（图2-63）

图2-63

3. 两脚跟提起（踮脚），头部仰起；两掌及身体尽量向上伸展。目视两掌。（图2-64）

图2-64

4.两脚跟落地；同时，两掌屈肘下落，十指相扣，抱住后脑，虎口在下。目视前方。（图2-65）

图2-65

5.上体后仰，挺胸张肘；两腿并紧，不得分开。目视前方。（图2-66、图2-66附图）

图2-66

图2-66附图

6. 上体前俯，含胸拔背，屈腰拱胯；两腿伸直，不得弯曲。目视下方。（图2-67）

图2-67

7. 不要起身，两腿伸直；两掌伸臂下落，按地于两脚之前，虎口在里。目视两手。（图2-68）

图2-68

练者如果两手无法按到地面，不要强求，可视情况而定，但两腿不得弯曲，否则周身软绵而没有争力，达不到拉抻筋韧的功效。

8.身体回正；两掌松开，垂于体侧。目视前方。（图2-69）

以上诸动，反复练习，次数自定。

图2-69

第十二式　仙鹤伸腿

【功法分解】

1. 接上式。两掌上收，虎口叉腰，拇指在后，其余四指在前。目视前方。（图2-70）

图2-70

2. 两脚跟提起，身体向上提纵抻拔。继以前脚掌撑地，脚跟一落一起，抖动数次。（图2-71）

图2-71

3. 脚跟落地，接练下动。（图2-72）

图2-72

4. 左腿向后抬伸，约与膝平，脚跟在上，脚尖斜向下；同时，身向前倾，两掌向前伸出，掌心向上，指尖向前，两臂平行，高与肩平。目视两掌。（图2-73）

图2-73

5. 左脚收回原位，重心移于左腿；右腿向后抬伸，约与膝平，脚跟在上，脚尖斜向下；两掌不变。（图2-74）

6. 两腿交替，练习数次。

图2-74

7. 两脚收拢，并步站立；两掌垂于体侧，沉肩坠肘；调匀呼吸，气归丹田。本功收势。（图2-75）

图2-75

第三章

武当筋经导引功（十二式）

武当筋经导引功，是一种独特的武当传统筋经功。此功偏重"导引"，注重养生。所谓导引，也称"道引"，历史悠久，练法众多，各有偏重，如"五禽戏""八段锦""十二段锦"等皆属此类。综其姿势，可分为立引、坐引和步引三种。本功属于"立引"，全是站练，共十二式。使用"柔劲"，"柔筋养身"；姿势多变，长短相宜。

经常练习，可舒展筋骨，灵活肢节；壮健身体，增强气力；消除赘肉，美观体形；通达经络，调畅气血；康健脏腑，预防疾病；消除疲劳，恢复体力。

此功诸式，要求全身放松，呼吸随意，动作要涂缓，劲法要柔绵；要用先天自然之劲，不加后天僵拙之力，即不勉强用力，不用猛力暴劲。只有涂缓，才能舒筋顺气、柔体松身；只有柔绵，才能通经活络、导气行气。

第一式　降龙伏虎

【功法分解】

1. 两脚并步，正身直立；两掌垂于体侧，指尖向下，掌心向里；全身放松，自然呼吸。目视前方。（图3-1）

图3-1

2.身体左转，两腿屈蹲，重心右移，左脚跟抬起，成左丁步；同时，两掌左移，于小腹前交叉，右掌在上，左掌在下，两腕相贴，两掌背向上，右指尖斜向前，左指尖斜向右。目视左下方。（图3-2）

图3-2

3.左脚前跨一步，左膝前顶成左弓步，右腿蹬直（要有拉伸腿筋的明显感觉）；两掌上起，约至与肩高时，向两侧分展推开，掌根平肩，指尖向上，掌心向外；挺腰扩胸。目视前方。（图3-3）

图3-3

4. 左弓步不变；右掌下收握拳，抱于右腰间，拳心向上，拳面向前；同时，左掌外旋，向下、向里、向前上方划劲穿出，高与肩平，掌心向上，指尖向前。目视左掌。（图3-4）

图3-4

5. 身向右转，成右弓步；同时，左掌上起，向右划弧，伸至右上方，左腕稍挺，指尖斜向上，掌心斜向右；上体右倾，左臂与左腿约呈一线。目视左上方。（图3-5）

图3-5

6. 左掌继续下划，按地于右脚内侧；上身向右下俯。目视左掌。（图3-6）

图3-6

7. 向左转体，两腿成左仆步；同时，左掌握拳，越握越紧，提至左胸前，左腋夹紧，左臂屈肘，左肘贴肋，拳面向上，拳心斜向里。目视左拳。（图3-7）

图3-7

8. 身体上起，重心左移，两腿成左弓步；同时，左拳变掌，向前伸臂穿出，高与肩平，掌心向上，指尖向前。目视左掌。（图3-8）

图3-8

9. 身向左后转，左脚外摆，右腿屈膝下沉，右脚跟抬起，成左跪步；同时，左掌向左划劲立起，指尖向上，掌心向后。目视左掌。（图3-9）

图3-9

10. 身向右转，两腿成左弓步；同时，右拳变掌，提至右肩外侧，屈肘竖臂，指尖向上，掌心向左；左掌向右划劲，转至右肩下侧，左臂屈肘，指尖向右，掌背向前。目视左方。（图3-10）

图3-10

11. 上身向左前下俯，右脚跟撬起，右膝下沉，成左跪步；同时，左掌收于左腰间，掌心向上；右掌划劲向左膝前下方按去，掌心向下，指尖斜向左前，右臂伸开。目视右掌。（图3-11）

图3-11

12. 身体上起右转，两脚摆扣，成右弓步；同时，两掌上提，向两侧分展推开，掌根平肩，指尖向上，掌心向外；挺腰扩胸。目视右前方。（图3-12）

13. 上为左势，接练右势，练法参上。（图略）

左右连续，反复练习，次数自定。

图3-12

第二式　白虎练爪

【功法分解】

1. 两脚并步，正身直立；两掌垂于体侧，指尖向下，掌心向里；全身放松，自然呼吸。目视前方。（图3-13）

图3-13

第三章　武当筋经导引功（十二式）

2. 左脚向左斜开一步，重心右移，成左斜虚步；同时，左掌向左上方划劲提起，虎口向上，指尖向右，掌背斜向左前方；右掌向左、向上、向右划劲，提至右胸侧，掌心向下，指尖斜向左前方。目视左掌。（图3-14）

图3-14

3. 重心继续右移，左膝渐渐伸直，脚尖上翘，成左高虚步；同时，左掌握拳（越握越紧），向右、向下划劲，置于腹前，拳心向下，拳面向右；右掌握拳（越握越紧），向右、向下、向左划劲，置于右肋侧，拳心向下，拳面向左。目视左方。（图3-15）

图3-15

4. 左脚落地踏实，成左弓步；两拳平行向前冲出，高与肩平，拳心相对，拳眼向上。目视两拳。（图3-16）

图3-16

5. 两拳外旋，用力屈肘勾起，拳心向后，拳面向上，约与鼻平。（图3-17）

图3-17

6. 两拳（越握越紧）向头顶正上方用力举起，两拳轮逐渐相贴，两拳面仍然向上。（图3-18）

图3-18

7. 两拳松开变掌，向两侧划劲推开，展臂平肩，坐腕竖掌，两掌根用暗劲外撑；挺胸收腹。（图3-19）

图3-19

8. 身向右转，两脚摆扣，屈蹲成正马步；同时，两掌握拳，直臂上举于两肩正上方，拳面斜向上，拳眼斜相对。两眼瞪视前上方。（图3-20）

图3-20

9. 两拳直臂斜向下划劲，栽向两大腿内侧，拳眼相对，拳背向前；上身中正。目视前方。（图3-21）

图3-21

10. 身体右转，右脚尖略向外摆，重心左移，成右半马步；同时，右拳变掌，向右划劲提起，掌心斜向上，指尖斜向右前方，约与肩平；左拳变掌，向右划劲提起，置于左腹前侧，掌心向下，指尖向右。目视右掌。（图3-22）

11. 上为左势。接练右势，练法参上。（图略）

左右连续，反复练习，次数自定。

图3-22

第三式　炼石补天

【功法分解】

1. 两脚并步，正身直立；两掌垂于体侧，指尖向下，掌心向里；全身放松，自然呼吸。目视前方。（图3-23）

图3-23

2. 上身左转，左脚向左斜进一步，两腿伸直，左脚尖向前，右脚尖向右；同时，两掌向斜上方伸臂举起，两掌心斜相对，指尖斜向上。目光平视。（图3-24）

图3-24

3. 上身前俯，两腿成左弓步；同时，两掌向前下划劲抱去（两掌不接），至左脚尖两侧（手不触地），指尖向下，虎口向前。目视两掌。（图3 25）

图3-25

4. 上身略起；两掌抓拧成拳，屈臂上提至左膝前上侧，拳心斜向上，拳面斜向前。目视两拳。（图3-26）

图3-26

5. 重心右移，左脚稍收，成左半马步；同时，两拳收至两腰侧，拳心向上。目视左下。（图3-27）

图3-27

6. 左脚略收，两脚内扣，两腿伸膝立身，成大开步；同时，两拳变掌，托（抱）于小腹两侧，虎口张开，掌心向上，指尖相对。目视前方。（图3-28）

图3-28

7. 两掌上托至胸前。（图3-29）

图3-29

8．两掌内旋，向上伸臂，举于头顶上方，掌心向上，指尖斜相对。（图3-30）

图3-30

9．两掌用暗劲上推，两臂略伸；同时，两脚跟缓缓抬起，两腿伸直（不得弯曲）。目视上方。（图3-31）

图3-31

10. 两脚跟落地；同时，两掌向两侧展臂下落，坐腕竖掌，掌根平肩（用暗劲外撑）。目视前方。（图3-32）

图3-32

11. 两掌下落，垂于体侧；全身放松，调匀呼吸。（图3-33）

12. 向右转身，接练右势，练法参上。（图略）

左右连续，反复练习，次数自定。

图3-33

第四式　仙鹤振翅

【功法分解】

1.两脚并步，正身直立；两掌垂于体侧，指尖向下，掌心向里；全身放松，自然呼吸。目视前方。（图3-34）

图3-34

第三章 武当筋经导引功（十二式）

2. 左脚向左侧摆步，上体左转，身向下俯，两腿成左跪步（右脚跟抬起）；同时，两掌向左划劲下插，置于左脚前上方，掌心斜向上，指尖斜向前。目视两掌。（图3-35）

图3-35

3. 两掌向两侧上穿而起，两臂斜伸，掌心斜相对，指尖斜向上；同时，右腿伸膝立身，右脚跟不落，前脚掌用力蹬地。目视左前方。（图3-36）

图3-36

4. 右脚跟落地，身向右转，左脚内扣，两腿伸开，两脚尖朝向正前方；两掌不变。目视前上方。（图3-37）

图3-37

5. 两腿屈蹲成马步；同时，屈肘屈腕，旋掌向两侧压按，掌心向下，指尖向外，两腕约与耳平。（图3-38）

图3-38

6.两腿伸膝直立;同时,两臂向两侧斜上方伸直,两掌勾腕,两腕约与顶平,指尖斜向外下方。(图3-39)

图3-39

7.两掌变成勾手,上提过顶,手指撮拢,勾尖向下;两臂用力伸开。(图3-40)

图3-40

8. 勾手不变；臀部下沉，两膝深蹲（大腿约与地面平行），两脚跟提起。（图3-41）

图3-41

9. 两脚跟落地；同时，两勾手变掌下落，按压于体侧，掌心向下，指尖向外，约与胯平。（图3-42）

10. 向右转身，接练右势，练法参上。（图略）

左右连续，反复练习，次数自定。

图3-42

第五式　青龙摆尾

【功法分解】

1. 两脚并步，正身直立；两掌垂于体侧，指尖向下，掌心向里；全身放松，自然呼吸。目视前方。（图3-43）

图3-43

2. 左脚向左横开一步，两腿屈蹲成马步，随即身向右转；同时，右掌握拳，抱于腰间，拳心向上；左掌向右划劲，至于右肋前侧，指尖向右，掌心向下。目视右下方。（图3-44）

图3-44

3. 上身左转，两脚摆扣，成左弓步；同时，左掌向左后划劲而去，坐腕竖掌，指尖向上，臂与肩平。目视左掌。（图3-45）

图3-45

4. 右膝下沉，成左斜跪步（也叫骑龙步）；同时，左臂略向下压。（图3-46）

图3-46

5. 上身右转，两腿上起，成左弓步；同时，左掌划劲，穿向左前方，掌心向上，约与肩平。目视左掌。（图3-47）

图3-47

6. 两脚摆扣成右弓步，上身右转，身向下俯；同时，左掌直臂向右上划弧，左腕略挺。（图3-48）

图3-48

7. 左掌向右下划弧，按地于右脚内侧；上身前压。（图3-49）

图3-49

8. 上身左转，左掌沿地面向左划弧，移至左脚内侧，掌向左翻，掌心向右，指尖向前；同时，左脚外摆，成左仆步。目视左掌。（图3-50）

图3-50

9. 身体上起，重心左移，两腿成左弓步；同时，左掌向前上插出，掌心向下，指尖向左前方，高与肩平。目视左掌。（图3-51）

图3-51

图3-52

10. 上身右转，左脚内扣，两腿屈蹲，成正马步；同时，左掌后挽握拳，收抱于左腰间，拳心向上。目视前方。（图3-52）

11. 上为左势，接练右势，练法参上。（图略）

左右连续，反复练习，次数自定。

第六式　开根拔节

【功法分解】

1. 两脚并步，正身直立；两掌垂于体侧，指尖向下，掌心向里；全身放松，自然呼吸。目视前方。（图3-53）

图3-53

2. 左脚向左横开一步，两腿屈蹲成正马步；同时，两掌上提，抱于腰间，掌心向上。目视前方。（图3-54）

图3-54

3. 左掌立起，向右腹侧推去，掌心向右，指尖向上。目视左掌。（图3-55）

图3-55

4.左掌屈指握拳，划劲上举，至头顶正上方，拳心向下，拳面向右。目视上方。（图3-56）

图3-56

5.左拳向左侧弧形下落，至与肩平，拳面向左，拳眼向上。目视左拳。（图3-57）

图3-57

第三章 武当筋经导引功（十二式）

6. 左拳变掌，收抱腰间。目视前方。（图3-58）

图3-58

7. 右掌屈指握拳，向左、向上、向右划劲，至头顶正上方，拳心向下，拳面向左。目视上方。（图3-59）

图3-59

103

8. 右拳向右侧弧形下落，至与肩平，拳眼向上，拳面向右。目视右拳。（图3-60）

图3-60

9. 右拳变掌，收抱腰间，掌心向上。目视前方。（图3-61）

图3-61

10. 两掌屈指握拳，向上提起，停于两肩前上方，拳面向上，拳背向前，竖臂垂肘。（图3-62）

图3-62

11. 两拳向颌下收拢，使拳背相贴。（图3-63）

图3-63

12. 两拳内旋，两腕拧劲，向两侧撑开，使拳心向外，拳面斜向上，约与下颌相平；两臂仍然保持弯曲，不要伸开。（图3-64）

图3-64

13. 两拳向上合拢，举于头顶正上方，拳面相对，拳心向下。目视上方。（图3-65）

图3-65

14. 两拳经面前下落，约至锁骨前时，两拳背相贴，两肘尖外张，拳面向下。（图3-66）

图3-66

15. 两拳沿胸前向下栽至裆前，两臂伸直；腰部挺直，不要弯曲。目视前方。（图3-67）

图3-67

16. 两拳旋拉，抱于腰间，拳心向上。（图3-68）

上述动作为一遍，反复练习，次数自定。

本动两拳变掌，即可重新开始。

图3-68

第七式　懒龙伸腰

【功法分解】

1. 两脚并步，正身直立；两掌垂于体侧，指尖向下，掌心向里；全身放松，自然呼吸。目视前方。（图3-69）

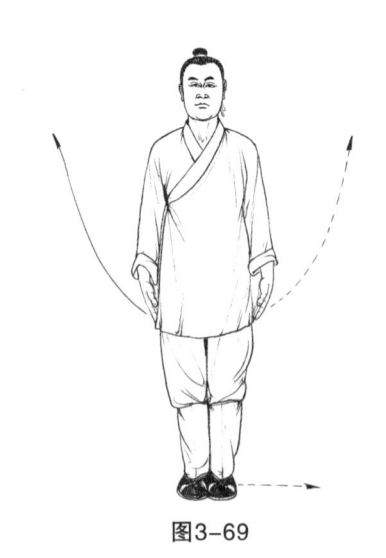

图3-69

2. 左脚向左横开一步，成大开步；同时，两掌向两侧抬臂平举，至与肩平，掌心向上，指尖向外。（图3-70）

图3-70

3. 两掌里合，抱于头部斜上方（两臂略屈），掌心相对，指尖向上。（图3-71）

图3-71

4.两掌经面前下按,至锁骨前,指尖相对,掌心向下,肘与肩平。(图3-72)

图3-72

5.两肘下垂,两掌握拳,向两肩前上方用力分撑,拳眼相对,拳背向后。(图3-73)

图3-73

第三章 武当筋经导引功（十二式）

6．上身向右侧略微旋转，肩部收缩，胸往前顶；两拳开始上举。（图3-74）

图3-74

7．两拳继续上举，直至两臂伸直，拳心相对，拳面斜向上；松肩拔背，作伸懒腰状。目视左上方。（图3-75）

图3-75

8．两拳前旋，向两侧展臂下落，拳心向下，拳面向外；后背收缩，胸部前顶，头部右倾。目视右拳。（图3-76）

图3-76

9．两拳松指成掌，下落垂于体侧；身体回正。目视前方。（图3-77）

10．上为左势，接练右势，练法参上。（图略）

左右连续，反复练习，次数自定。

图3-77

第八式　松肩拔背

【功法分解】

1. 两脚并步，正身直立；两掌垂于体侧，指尖向下，掌心向里；全身放松，自然呼吸。目视前方。（图3-78）

图3-78

2. 左脚向左横开一步，成大开步；同时，两掌上提于小腹前，中指指尖相对，掌心向上，两腕内勾。（图3-79）

图3-79

3. 两掌翻转外撑（肘部微屈），置于两大腿外侧，掌心向外，指尖向下；同时，两膝屈蹲，探肩弓背，收腹低头。目视前下方。（图3-80）

图3-80

4. 身形不变；两掌上提里合，使掌背相贴于小腹前，指尖向下。目视两掌。（图3-81）

图3-81

5. 两掌继续上提，置于胸前；同时，起身直立。（图3-82）

图3-82

6. 两掌外翻，打开立起，掌根平肩，指尖向上，掌心向前，垂肘竖臂。目视前下方。（图3-83）

图3-83

7. 两掌伸臂向外推出，掌心向外，掌根平肩；双肩后缩，胸口外张。目视前方。（图3-84）

图3-84

8. 手腕微勾，向身后划劲伸臂（似鸟展翅），掌心斜向上，指尖斜向后；同时，两脚跟跷起，前脚掌撑地站稳，上体稍向前倾。目视前上方。（图3-85）

图3-85

9. 两掌内旋下落，十指按住后腰部，指尖相对，虎口向下；同时，两脚跟落地。（图3-86、图3-86附图）

图3-86

图3-86附图

10. 两掌沿臀部，经大腿后侧下摩，直至脚跟；两腿伸直，不要弯曲。目视前下方。（图3-87）

图3-87

11. 两掌离开两脚，向两大腿外侧内旋撑起，掌心斜向上，指尖斜向外；上身渐渐仰起。（图3-88）

图3-88

12. 身体直立；两掌外旋，使掌心向内，指尖向下，垂于体侧。目视前方。（图3-89）

上述诸动，反复练习，次数自定。

图3-89

第九式 乌龙搅水

【功法分解】

1. 两脚并步，正身直立；两掌垂于体侧，指尖向下，掌心向内；全身放松，自然呼吸。目视前方。（图3-90）

图3-90

2. 左脚向左横开一步，成大开步；同时，两掌屈指微扣，腕背外绷，于胯前成抱球状，虎口向前。（图3-91）

图3-91

3. 上体右转约90°；双手抱势不变。目视右下方。（图3-92）

图3-92

4. 两腿屈蹲，成右半马步（小势）；同时，两掌向下钻绞，停于右膝前侧，掌背向前，指尖向下。目视两掌。（图3-93）

图3-93

5. 以脊柱为轴，身向左转，右脚稍扣，成左半马步；同时，左掌向左划劲，摆至左膝外侧，指尖向下，掌背向外（此时，两掌分撑，左右争力）。目视左掌。（图3-94）

图3-94

6．继续左转，两腿拧动；同时，右掌左划，与左掌相抱于左膝前侧，指尖向下。目视两掌。（图3-95）

图3-95

7．两腿伸膝立身；同时，两掌略勾腕，向左上方伸去，高过头顶，掌心斜向后，指尖斜向下。（图3-96）

图3-96

8.身体向右回正,左脚略扣,成大开步;同时,两掌右摆,暗劲上撑,正对两肩,掌心向下,指尖向前。仰面上视。(图3-97)

图3-97

9.身体继续右转约90°,两腿拧动;手形不变。目视右方。(图3-98)

图3-98

10. 两掌直臂下落，至小腹前侧，指尖向下，掌背向前。（图3-99）

图3-99

图3-100

11. 右脚稍扣，身体向左转正；两掌垂放体侧，完成右势绕圈一周。（图3-100）

12. 接练左势，练法参上。（图略）

左右连续，反复练习，次数自定。

第十式　气贯长虹

【功法分解】

1. 两脚并步，正身直立；两掌垂放体侧，指尖向下，掌心向里；全身放松，自然呼吸。目视前方。（图3-101）

图3-101

2. 左脚向左横开一步，两膝微屈，成高马步；同时，两掌向外、向上划劲上提，在两肩前外侧成抱球状，虎口向上，两臂稍屈。（图3-102）

图3-102

3.两膝略沉；同时，两掌向里合拢，在胸前内旋，使虎口向下，指尖相对，掌心向前。（图3-103）

图3-103

4.两膝再屈；同时，两掌向下划劲，约在裆前外旋，使掌心向上，虎口向前，指尖斜相对。目视两掌。（图3-104）

图3-104

第三章 武当筋经导引功（十二式）

5．两掌内旋上提，托举至头顶上方，指尖相对，掌心向上；两臂微屈，如托重物。目视前下方。（图3-105）

图3-105

图3-106

6．两掌后旋，十指相抵，掌心含空，虎口向后；同时，两膝稍起助劲。（图3-106）

7.十指用力相抵，缓缓贯劲，经面前下移至胸前，两臂撑开；同时，两腿用力伸开。目视两掌。（图3-107）

图3-107

8.十指继续用力相抵，下沉至小腹前；同时，两腿屈蹲成马步。（图3-108）

图3-108

9. 十指用力相抵，不要松劲，上提至胸前；同时，两膝开始上起。（图3-109）

图3-109

10. 两掌向两侧伸臂分推，掌根平肩；同时，左脚稍向右拉，两腿伸直。目视前方。（图3-110）

图3-110

11.两掌外旋,约成抱球状(大势),虎口向上,两臂微屈,约与肩平。目光内敛。(图3-111)

以上诸动,反复练习,次数自定。

图3-111

第十一式　玄武望月

【功法分解】

1.两脚并步,正身直立;两掌垂放体侧,指尖向下,掌心向里;全身放松,自然呼吸。目视前方。(图3-112)

图3-112

2．两掌握拳上提，抱于腰间，拳心向上。（图3-113）

图3-113

3．两拳变掌，内旋立起，指尖向上，掌心向前；两臂贴肋，不要分开。（图3-114）

图3-114

4. 两掌向前上方推出，直至两臂伸直（两臂平行），掌根与肩平，用劲前撑。（图3-115）

图3-115

5. 两掌屈腕，五指相撮成勾手，勾尖向后勾紧，虎口相对；同时，两脚跟提起。（图3-116）

图3-116

6. 两脚跟落地，上身前俯；同时，两勾手向前直臂下落，勾背向下，接近地面（也可触地）；两膝伸直，不得弯曲。目视前下方。（图3-117）

图3-117

7. 两勾手松开，向后用力抓握两脚踝，拇指在前，虎口向前。（图3-118）

图3-118

8. 两脚尖外摆，两腿下蹲，两脚跟上提，两膝外撑；两手顺劲（保持抓握），全身贯力。（图3-119）

图3-119

9. 两脚跟外摆落地，两脚尖内扣相抵，两膝伸直；两手顺劲（仍然抓握）。（图3-120）

图3-120

10. 两手贴着两小腿上移，抱住两膝（使膝相贴），虎口斜向上。（图3-121）

图3-121

11. 两手按膝；胯部后坐；头部昂起，颈筋用力。目视前方。（图3-122）

12. 两脚跟并拢，身体立起；同时，松开两掌，垂放体侧。（图略）

以上诸动，反复练习，次数自定。

图3-122

第十二式　闲庭游步

【功法分解】

1. 两脚并步，正身直立；两掌垂放体侧，指尖向下，掌心向里；全身放松，自然呼吸。目视前方。（图3-123）

图3-123

2. 左掌向右划劲，经小腹前上提至右肩前上侧，掌心向后，指尖斜向上；同时，右掌上提至小腹前，掌心向上，指尖向左。目视前方。（图3-124）

图3-124

3. 两腿微屈，身向左转；同时，左掌向左划劲伸摆，掌心向里，指尖斜向上，约与眉平；同时，右掌向左稍移，至左腹侧。目视左掌。（图3-125）

图3-125

图3-126

4. 右腿跟稍起；同时，左掌后收，翻转成掌心向下，划向左外侧，约与胯平，指尖向左；右掌上划至左肩前，掌心向内。（图3-126）

5. 右脚向右稍移，左脚跟提起，身向右转；同时，右掌向右划摆，掌心向里，指尖斜向上，约与鼻平；同时，左掌划向右腹侧，掌心向下。目视右掌。（图3-127）

图3-127

图3-128

6. 身向左转，左脚向左斜前方一步，脚跟先落地，前脚掌上翘（右脚稍向左扣）；同时，右掌向左提转，掌心向左；左掌外旋，提于右肋侧，掌心向上，两掌成抱球状（斜势）。（图3-128）

第三章 武当筋经导引功（十二式）

7. 左脚落地，成左弓步；同时，左掌向左上方提摆，约与头平，掌心斜向后，指尖向上；右掌下按至小腹前，掌心向下。（图3-129）

图3-129

图3-130

8. 左掌继续向左下侧划劲，至左侧斜前方，指尖向上，约与眼平；右掌移至左腹侧。目视左掌。（图3-130）

9.重心稍向右移；左掌划劲，弧线下按，约与胯平，指尖向左；右掌上提至左肩前，掌心向里，指尖斜向上。（图3-131）

图3-131

10.上身向右转，右掌经面前划劲至右斜前方，约与肩平，掌背向右前方，虎口在上；同时，左掌移至右腹侧，掌心向下。目视右掌。（图3-132）

图3-132

第三章 武当筋经导引功（十二式）

11. 重心左移，成左弓步；同时，左掌上提，至右肩前上侧，指尖向右，虎口在上；右掌划劲下按至右胯侧，掌心向下，指尖向前。（图3-133）

图3-133

12. 右脚收向左脚，成右丁步；同时，左掌向左划劲至左斜前方，约与嘴平，指尖向上，掌心向内；右掌移至小腹前侧，掌心向下，指尖向左。目视左掌。（图3-134）

13. 接练右势，方法参上。（图略）

左右循环练习，次数自定。注意动作柔和，呼吸自然，经常练习可调和气血，健身延年。

图3-134

第四章

武当筋经大壮功（十四式）

　　武当筋经大壮功是武当筋经功的重要功法。其练法独特，别具一格；兼顾整体，锻炼全面。练之可"大增气力，壮健身体"，故以"大壮"为名，誉其功效显著。

　　武当筋经大壮功，以筋骨的舒展与抻拔动作，导引与调畅人体的"十四经"。所谓"十四经"，是十二经脉加上奇经八脉的任、督二脉的合称，为经络系统的主要部分。元代医学家滑寿《十四经发挥》载："十二经所列次

第，并以流注之序为之先后，附以任、督二奇者，以其有专穴也。总之为十四经云。"

诀曰："龙屈虎伸畅任督，青牛望月手太阴，掌抱日月手阳明，铁牛耕地足阳明，牛劲虎势足太阴，抓石补天手少阴，二郎担山手太阳，打躬作揖足太阳，三盘落地足少阴，霸王举鼎手厥阴，推窗望月手少阳，神龙探爪足少阳，游龙吊尾足厥阴，万法归宗八脉通。"

第一式　龙屈虎伸

【功法分解】

1. 两脚并步，正身直立；两掌垂于体侧，指尖向下，掌心向里。目视前方。（图4-1）

图4-1

图4-2

2. 屈膝下蹲；同时，两手抱膝，前臂夹紧；头颈昂起。（图4-2）

3. 两腿伸直，臀部拱起；上身前俯，两掌扶膝。目视下方。（图4-3）

图4-3

4. 十指交叉，两掌内旋向前下伸，约与膝平，掌心斜向下，两臂伸直。目视两掌。（图4-4）

图4-4

145

5. 两掌上摆，直臂撑举于头顶正上方；上体渐渐挺直，面部仰起。（图4-5、图4-6）

图4-5 　　　　　　　　图4-6

6. 两掌下落，抱住后脑（头部后压）；两臂屈肘，向外分张；依次挺胸、挺腹。（图4-7）

图4-7

第四章　武当筋经大壮功（十四式）

7. 两掌向头顶正上方伸臂撑举，两臂伸开，用暗劲抻拔；身体正直。目视前下方。（图4-8）

图4-8

8. 十指松开，向两侧直臂下落，两掌坐腕竖掌，指尖向上，掌根向外推撑（高与肩平）。目视前方。（图4-9）

图4-9

147

9. 两掌屈指成拳，用力握紧，贯劲下沉，约与胸口相平，拳眼向前，拳面斜向外下。（图4-10）

图4-10

10. 两拳成掌，落于体侧。（图4-11）

以上诸动，反复练习，次数自定。

图4-11

第二式　青牛望月

【功法分解】

1. 两脚并步，正身直立；两掌垂于体侧，指尖向下，掌心向里；全身放松，自然呼吸。目视前方。（图4-12）

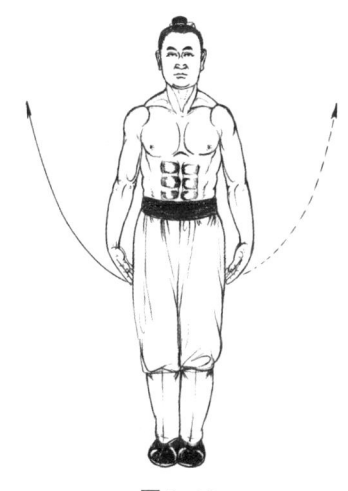

图4-12

2. 两掌向两侧托起，一字平肩，掌心向上，指尖向外（用力伸展）。（图4-13）

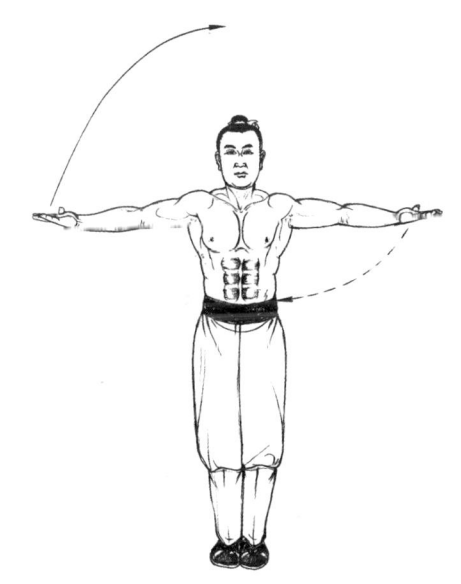

图4-13

3. 右掌上摆，举于头顶上方，指尖斜向上，掌心向左；左臂后屈，左掌背贴住背脊。（图4-14）

图4-14

4. 右臂屈肘，右掌向左下落，扒按脸颊左侧。（图4-15、图4-15附图）

图4-15

图4-15附图

5. 头部向左用力旋转；右手后扳助劲。（图4-16）

图4-16

6. 上身回止。叮连续扳转数次，但动作一定要徐缓，以免扭伤颈椎。（图4-17）

图4-17

7. 左脚向左跨一大步，成左弓步；上体左转。目视左前方。（图4-18）

图4-18

8. 头部向左用力旋转；右手后扳助劲。（图4-19）

图4-19

第四章　武当筋经大壮功（十四式）

9. 上身右转回正。可连续扳转数次。（图4-20）

图4-20

10. 左脚收向右脚，并步直立；右手松开，两掌向两侧平肩伸开，指尖向外，掌心向上。目视前方。（图4-21）

11. 接练右势，方法参上。（图略）

以上诸动，反复练习，次数自定。

图4-21

第三式　掌抱日月

【功法分解】

1. 两脚并步，正身直立；两掌垂于体侧，指尖向下，掌心向里。目视前方。（图4-22）

图4-22

第四章　武当筋经大壮功（十四式）

2. 左脚向左侧摆跨一步，成大开步；同时，两腕外撑，掌心含空，虎口向前。（图4-23）

图4-23

3. 两掌外旋摊开，掌心向前，虎口向外。目视前方。（图4-24）

图4-24

155

4. 两掌由体侧向上捧起，合于胸前，十指指腹用劲相抵，掌心含空，虎口在后，两拇指尖斜向后，其余指尖向上（约与喉平）。目视两手。（图4-25）

图4-25

5. 两掌内旋，使虎口向下，两肘顺势上撑。（图4-26）

图4-26

第四章　武当筋经大壮功（十四式）

6. 两掌外旋，向前下落，使虎口向前，拇指向上（两掌约与胸口相平），其余四指向下。（图4-27）

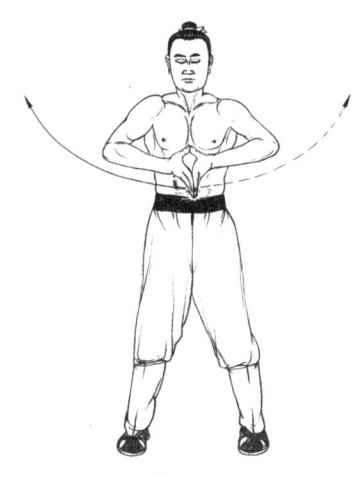

图4-27

7. 两掌向左右分开，伸臂平肩，指尖向外，掌心向下。目视前方。（图4-28）

图4-28

157

8.两掌上旋,使掌心向前,十指张开。(图4-29)

图4-29

9.两掌屈腕成勾手,勾顶用力向外撑劲,勾尖斜向里。(图4-30)

图4-30

第四章　武当筋经大壮功（十四式）

10.两勾手向后转动，屈指握拳，拳心向上，两肘略屈，拳面向外。（图4-31）

图4-31

11.两拳成掌下落，垂于体侧。（图4-32）

以上诸动，反复练习，次数自定。

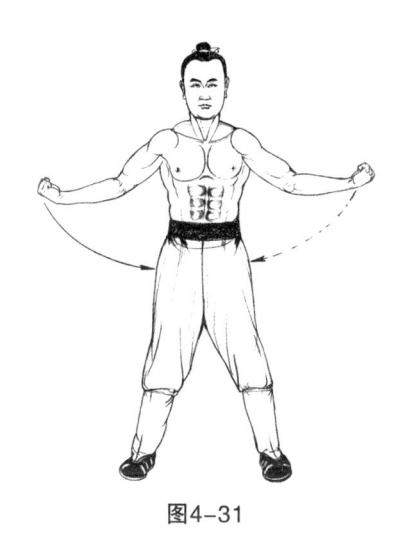

图4-32

159

第四式 铁牛耕地

【功法分解】

1. 两脚并步，正身直立；两掌垂于体侧，指尖向下，掌心向里。目视前方。（图4-33）

图4-33

2.身体左转，右脚向右后撤一步，左脚稍摆，成左弓步；同时，两掌向上伸臂举起，掌心相对，指尖向上。目视左上方。（图4-34）

图4-34

3.上身前俯；两手向前下扑出，十指撑地，置于左脚两侧。目视下方。（图4-35）

图4-35

4.左脚提起，勾住右小腿后侧。（图4-36）

图4-36

图4-37

5.身体重心后移，腰部上拱；头部下低，两肩下压，十指受力。（图4-37）

6.右腿弯曲，两臂弯曲，头部稍抬。（图4-38）

图4-38

7. 两臂伸直，右腿伸开；头部向前上昂起，挺胸沉腰。目视上方。（图4-39）

图4-39

8. 身体向后弧线撤回。（图4-40、图4-41）

图4-40　　　　　　　图4-41

9. 左脚放下，两脚并步。（图4-42）

图4-42

10. 重心后移；两手推地而起，上提至身前。（图4-43）

图4-43

11. 身体立起，两脚右摆，上身回正；同时，两臂屈肘上举于头部两侧（上臂与肩平），掌心斜相对，指尖斜向上（稍高过顶）。目视前方。（图4-44）

图4-44

12. 两掌屈指握拳，屈肘向里勾拉，拳心向下，拳面斜向前。（图4-45）

图4-45

13. 两拳收抱于腰两侧，拳心向上。（图4-46）

图4-46

14. 两拳成掌，下垂于体侧。目视前方。（图4-47）
15. 接练右势，练法参上。（图略）

以上诸动，反复练习，次数自定。

图4-47

第五式　牛劲虎势

【功法分解】

1.两脚并步，正身直立；两掌垂于体侧，指尖向下，掌心向里。目视前方。（图4-48）

图4-48

2.左脚向左横摆一步，两腿屈蹲成正马步；同时，两掌向外撑开，掌心向内，指尖向下，两臂斜伸。（图4-49）

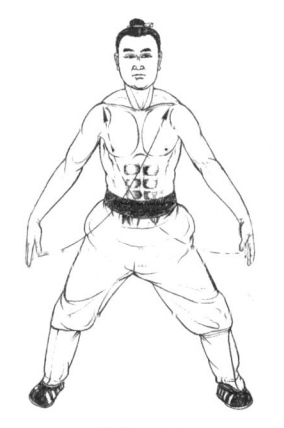

图4-49

3．两掌向里上提，至胸前屈肘交臂，右内左外，两掌心向里，指尖斜向上。（图4-50）

图4-50

4．两掌向左右伸臂分推，坐腕竖掌，掌心向外，指尖向上，掌根平肩。（图4-51）

图4-51

5. 上身稍向左转，重心右移，左腿伸膝，脚尖斜上翘；同时，左掌下按，约与胯平，虎口向里，掌心斜向下；右掌上抬，高过头顶，指尖斜向上。目视左掌。（图4-52）

图4-52

6. 左脚落地，成左弓步；同时，左掌内收屈腕，抱于小腹前，掌心向上，指尖斜向右；右掌经头顶上方向左前方划弧，抱于上腹前，掌心向下，指尖斜向左，两掌成抱球状。（图4-53）

图4-53

7. 右掌握拳向右后方摆去，拳心向后，拳面向下，约与臀平；同时，左掌握拳向左前上方推出，拳心向后，拳面向上，约与嘴平，两拳争劲。目视左拳。（图4-54）

图4-54

8. 左拳屈肘，用力勾提，拳心斜向下，拳面斜向里，约与眼平；右拳微抬。（图4-55）

图4-55

9. 上体前俯，左胸向左前下压；左肘下沉至左小腿外侧，肘尖向下；拳势不变。（图4-56）

图4-56

10. 上身立起，头部上仰，右腿稍屈；拳势不变。（图4-57）

图4-57

11. 右腿伸开；头颈挺直；拳势不变。（图4-58）

图4-58

12. 上身回正，左脚右扣，两腿屈蹲成马步；同时，两拳变掌，收于胸前屈肘交臂，左内右外，两掌心向里，指尖斜向上。（图4-59）

图4-59

13. 两掌向两侧推开，坐腕竖掌，掌心向外，指尖向上，掌根平肩。目视前方。（图4-60）

14. 接练右势，方法参上。（图略）

以上诸动，反复练习，次数自定。

图4-60

第六式　抓石补天

【功法分解】

1. 两脚并步，正身直立；两掌垂于体侧，指尖向下，掌心向里。目视前方。（图4-61）

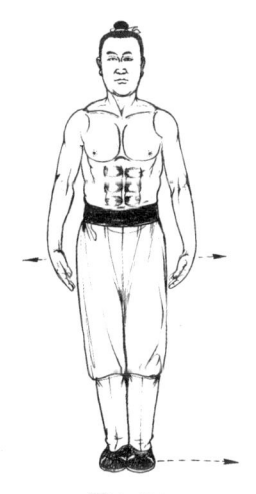

图4-61

2. 左脚向左横摆一步，两腿屈蹲成正马步；同时，两掌向外撑开，两臂斜伸。（图4-62）

图4-62

3. 两掌内合，捧于小腹前，指尖相对，掌心向上。（图4-63）

图4-63

4. 左掌后旋，上提至胸前，指尖向右；右掌微抬，提至小腹前，两掌成抱球状。（图4-64）

图4-64

5. 左掌从头部右侧上撑，至头顶正上方，指尖向右，左腕内扣，左臂稍屈；同时，右掌转至身后，掌背贴腰，指尖向左。目视左掌。（图4-65）

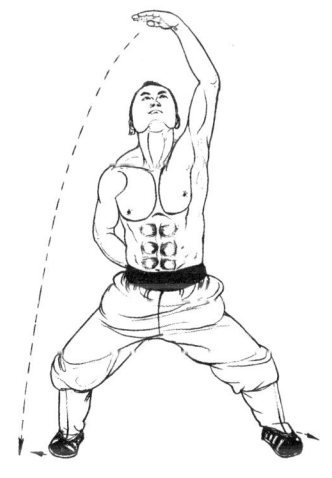

图4-65

6. 上身右转，两脚摆扣，成右弓步；同时，左掌向右弧形下按，触地于右脚前，虎口在后，指尖向右。（图4-66）

图4-66

7. 左掌贴地向左划弧，至左脚外侧；身向左转，两腿变成左弓步。（图4-67）

图4-67

8. 左掌抓握成拳，上提至左脸前侧，垂肘竖臂，拳心向里，拳面向上，约与眼平；同时，身体上起，两脚内扣，成正马步。目视左拳。（图4-68）

图4-68

9. 左拳伸指转掌，向左肩正上方托起，左臂伸直，指尖向后，掌心向上。目视左掌。（图4-69）

图4-69

10. 两腿伸直，提起两脚跟；左掌用暗劲向上推伸。然后落下脚跟，再次提起，反复数次。（图4-70）

图4-70

11. 两脚跟落地；举掌不变。目视前方。（图4-71）

图4-71

第四章　武当筋经大壮功（十四式）

12. 两腿屈蹲成正马步；同时，左掌勾腕下转，使掌心向下，指尖向右，左臂开始弯曲。目视左掌。（图4-72）

图4-72

13. 左掌翻转下落，抱于小腹前，掌心向上，指尖向右；同时，右掌翻转上提，抱于胸前，掌心向下，指尖向左，两手成抱球状。目视右掌。（图4-73）

14. 接练右势，方法参上。（图略）

以上诸动，反复练习，次数自定。

图4-73

179

第七式 二郎担山

【功法分解】

1. 两脚并步，正身直立；两掌垂于体侧，指尖向下，掌心向里。目视前方。（图4-74）

图4-74

2. 左脚向左横摆一步，两腿屈蹲成正马步；同时，两掌向外撑开，两臂斜伸。目视前方。（图4-75）

图4-75

3. 两掌里合，捧于小腹前，指尖相对，掌心向上。（图4-76）

图4-76

4．两掌上提，托至胸前，两肘外张，约与肩平。（图4-77）

图4-77

5．两掌外翻，向上托起，置于两肩上方，掌心向上，指尖相对，两臂成半弧状。目视两掌。（图4-78）

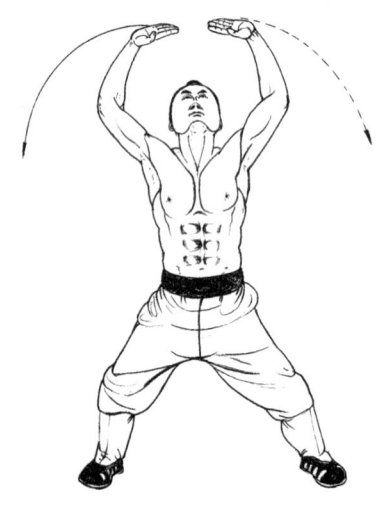

图4-78

第四章 武当筋经大壮功（十四式）

6.两掌握拳，落向两侧，拳心向下，拳面向外，两臂伸直，高与肩平。目视前方。（图4-79）

图4-79

7.两拳弹指，伸开成掌，掌心向下，指尖向外。（图4-80）

图4-80

183

8. 两掌撮拢成勾手，用力勾屈，勾尖向里；同时，两腿伸膝直立。（图4-81）

图4-81

9. 两脚跟提起；同时，两勾手上提，勾顶向上，约与额平；两臂伸直，不得弯曲。（图4-82）

图4-82

10. 两脚跟落地，屈蹲成马步；同时，两勾手变拳外旋，使拳心向上，两肘、两腕内屈用力，两拳面斜向外，约与胸平。（图4-83）

图4-83

11. 两拳成掌，落于体侧，两臂斜伸。（图4-84）

以上诸动，反复练习，次数自定。

图4-84

第八式　打躬作揖

【功法分解】

1. 两脚并步，正身直立；两掌垂于体侧，指尖向下，掌心向里。目视前方。（图4-85）

图4-85

图4-86

2. 两掌上提于小腹前，掌心向后，虎口相对。（图4-86）

3. 两掌沿带脉摩至腰后，虎口向下，拇指在外。（图4-87、图4-87附图）

图4-87

图4-87附图

4. 两掌经臀部向下摩过大腿后侧（足太阳膀胱经筋），直至两脚踝；上身前俯，两腿伸直，不得弯曲。目视下方。（图4-88）

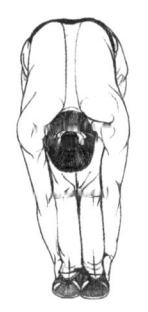

图4-88

5. 两掌经两脚掌外沿里合，于脚尖前上方交叉十指，掌心向上。目视两掌。（图4-89）

图4-89

6. 身体上起；两掌上提至胸前，两肘外张。（图4-90）

图4-90

第四章　武当筋经大壮功（十四式）

7. 两掌翻腕，伸臂上举，掌心向上。目视前方。（图4-91）

图4-91

8. 两脚跟提起；同时，两掌用暗劲向上推伸。（图4-92）

图4-92

189

9. 两脚跟落地；同时，两掌落于脑后，十指交叉抱住后脑，两肘外张。（图4-93）

图4-93

10. 左脚横开一步，两腿伸直，成大开步。（图4-94）

图4-94

11. 上身前俯，两掌用力把头压向裆下；两脚站稳，脚跟不离地，膝部挺直，不得弯曲。目视后方。（图4-95）

图4-95

12. 十指分开，以掌根按住两耳，随即一挤一松，使耳有声，练习数次，可通经活络，聪耳醒脑。（图4-96）

图4-96

13. 身体上起；臀部下坐，两腿屈蹲成正马步。目视前方。（图4-97）

图4-97

14. 左脚收向右脚，两脚并步，伸膝立身；同时，十指交叉，推向头顶上方，掌心向上。目视前方。（图4-98）

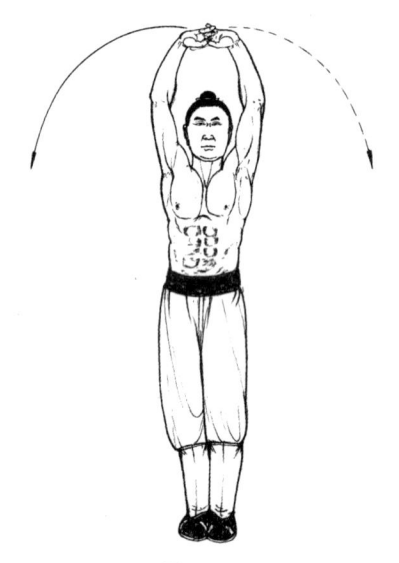

图4-98

15. 两掌松开握拳，分向两侧，拳心向下，拳面向外，两臂伸直，高与肩平。（图4-99）

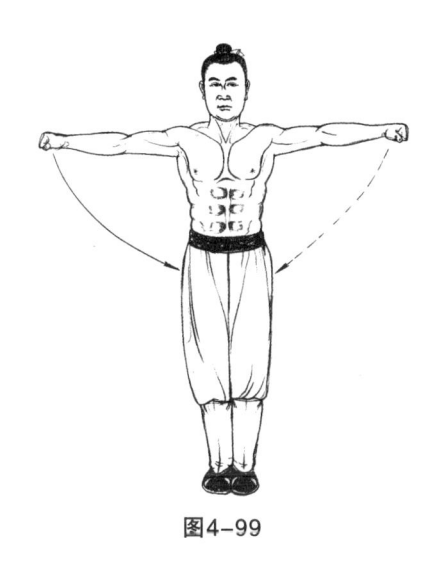

图4-99

图4-100

16. 两拳松开成掌，下落垂于体侧。（图4-100）

以上诸动，反复练习，次数自定。

第九式 三盘落地

【功法分解】

1. 两脚并步，正身直立；两掌垂于体侧，指尖向下，掌心向里。目视前方。（图4-101）

图4-101

图4-102

2. 左脚向左横开一步，两腿屈蹲成正马步；同时，两掌握拳，收至腰侧，拳心向上。（图4-102）

3. 两拳变掌，斜向两膝外上方伸出，掌心斜向上，指尖斜向外下方，约与胯平。（图4-103）

图4-103

4. 两掌屈肘向上托起，高稍过肩，掌心向上，指尖向外。（图4-104）

图4-104

5. 两掌内合，向胸前推撑，掌心向前，虎口在下，指尖斜相对，两臂成半弧形。目视前下。（图4-105）

图4-105

6. 两掌向两膝外侧伸臂下按，掌心向下，指尖向外，高与膝平；同时，两脚跟提起，臀部下沉，两大腿与地面平行。目视前方。（图4-106）

图4-106

7. 两脚跟落地,两膝稍起,仍成正马步;同时,两掌抓握成拳,收抱于两腰侧,拳心向上。(图4-107)

图4-107

8. 两拳变掌,斜向两膝外上方直臂伸出,掌心斜向上,指尖斜向外下方,约与胯平。(图4-108)

图4-108

9. 两掌向外上托起，稍低于肩，掌心向上，指尖向外，两臂稍屈。（图4-109）

图4-109

10. 两掌里合，向胸前推撑，掌心斜向前，虎口在下，指尖斜相对，两臂成半弧形。目视前下方。（图4-110）

图4-110

11. 两掌向两腿外下侧直臂下按，低于两膝，掌心向下，指尖向外；同时，两脚跟提起，臀部下坐，两大腿与地面平行。（图4-111）

图4-111

12. 两脚跟落地，两膝稍起，仍成正马步；同时，两掌抓握成拳，收抱于两腰侧，拳心向上。（图4-112）

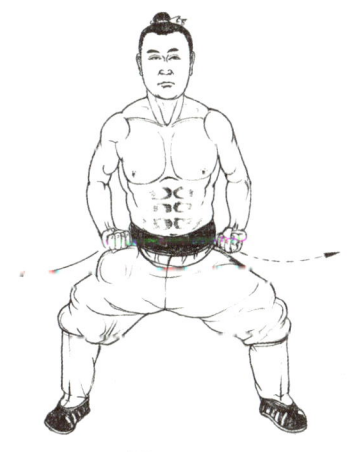

图4-112

13. 两拳变掌，斜向两侧平伸而出，掌心向上，指尖向外，高与腰平，两臂稍屈。（图4-113）

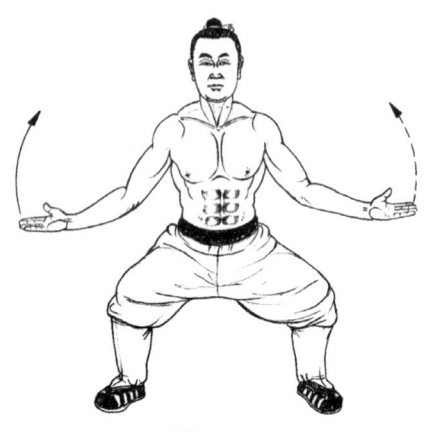

图4-113

14. 两掌向上托起，高与肩平，掌心向上，指尖向外。（图4-114）

图4-114

15. 两掌里合，向胸前推撑，掌心向前，虎口在下，指尖斜相对，两臂成半弧形。（图4-115）

图4-115

16. 两掌向两脚外侧直臂下按，|指撑地，掌心向下，虎口向前；同时，两脚跟提起，两膝深蹲。目视前下方。（图4-116）

图4-116

17. 两脚跟落地，两膝直伸而起，成大开步；同时，两掌向前转腕托起，掌心向上，指尖向前，高与肩平，两臂平行。目视前方。（图4-117）

图4-117

18. 两掌握拳，屈肘后收，拳心向里，两拳稍触，拳面向上，高与下颌相平。目视两拳。（图4-118）

图4-118

第四章 武当筋经大壮功(十四式)

19. 两拳内旋,下插至裆前,拳背斜相对,拳心斜向外,两臂稍屈。目视前下方。(图4-119)

图4-119

20. 左脚右收,两脚并步;同时,两拳成掌,垂于体侧。(图4-120)

以上诸动,反复练习,次数自定。

图4-120

203

第十式　霸王举鼎

【功法分解】

1. 两脚并步，正身直立；两掌垂于体侧，指尖向下，掌心向里。目视前方。（图4-121）

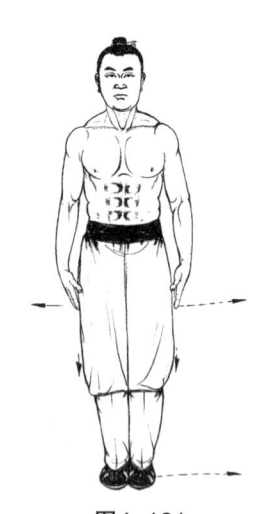

图4-121

2. 左脚向左横摆一步，两腿屈蹲成马步；同时，两掌外撑。（图4-122）

图4-122

3. 臀部下坐，两腿屈膝深蹲；同时，两掌下伸于两脚前上侧，直臂勾腕，掌心向里相对，似抱球状，虎口在前。（图4-123）

图4-123

4. 两掌内合上提，托至胸前，两肘外张；同时，两腿伸膝立身，成大开步。目视两掌。（图4-124）

图4-124

5. 两掌外转上提，两臂夹肋，肘尖下垂，虎口向里，掌心斜向上，指尖斜向外。（图4-125）

图4-125

6. 两掌上托，伸臂举于两肩正上方，指尖向后，虎口相对，两臂稍屈。（图4-126）

图4-126

7. 两脚跟提起；同时，两掌翻转，使指尖相对，掌心向下，伸臂上撑。目视两掌。（图4-127）

图4-127

8. 两掌向里，十指交叉，掌心向下；下颌内收，头向下低；同时，两脚跟落地。目视前下方。（图4-128）

图4-128

9. 上身前俯，两掌向前下划弧，接地于裆前下方（也可不触地面）；两脚外分，两腿伸直，不要弯曲。目视两掌。（图4-129）

图4-129

10. 身体上起；两掌提至胸前，两肘外张，掌心斜向上。（图4-130）

图4-130

11. 两掌翻腕，向头顶正上方伸臂托举，掌心向上，同时，两脚跟掘起。目视两掌。（图4-131）

图4-131

12．两脚跟落地，重心下沉，两腿屈蹲成正马步；同时，两掌向两侧下落推撑，两臂微屈（肘部下垂，以利贯劲），掌心向外，指尖向上，掌根平肩。目视前方。（图4-132）

图4-132

13．两腿伸膝立身；同时，两掌旋腕握拳，用力向里勾起，拳面斜向上，拳心斜向里。目视前下方。（图4-133）

图4-133

第四章　武当筋经大壮功（十四式）

14. 两拳向上、向里勾劲，约合至胸前时，沿腹前下插至裆部前侧，拳背微贴，拳面斜向下，两臂稍屈。目视两拳。（图4-134）

图4-134

图4-135

15. 两拳变掌，垂于体侧。（图4-135）

以上诸动，反复练习，次数自定。

211

第十一式　推窗望月

【功法分解】

1. 两脚并步，正身直立；两掌垂于体侧，指尖向下，掌心向里。目视前方。（图4-136）

注意：此式从头至尾都是两脚并步，两膝挺直不得弯曲。

图4-136

第四章 武当筋经大壮功（十四式）

2. 两掌成拳，收抱于腰侧，拳心向上。（图4-137）

图4-137

3. 变拳成掌，沿肋侧上提至两肩前上侧，掌心向前，指尖向上，高度过肩；挺胸，两臂外张。（图4-138）

图4-138

4. 两掌向前方推出，掌心向前，指尖向上，掌根平肩，两臂平行。（图4-139、图4-139附图）

图4-139

图4-139附图

5. 两掌向里合拢，指尖向前，虎口向上，两臂贯力。（图4-140）

图4-140

第四章　武当筋经大壮功（十四式）

6. 十指向下撮拢成勾手，勾尖向后用力勾屈，勾背向前顶劲，臂与肩平。（图4-141、图4-141附图）

图4-141

图4-141附图

7. 两勾手直臂向下，从两侧向身后勾挂而去，勾尖向上，约与胯平；挺胸抬头。（图4-142、图4-142附图）

图4-142

图4-142附图

8. 两勾手直臂向前，从两侧向两肩前上方撑起，勾顶向上，勾尖向下。（图4-143、图4-143附图）

图4-143

图4-143附图

9. 两勾手成掌，向前抖劲推出，十指张开，掌心向前，腕根平肩，两臂平行。（图4-144）

图4-144

10. 两掌贯力，按压至胯两侧，指尖向前，掌心斜向下。（图4-145）

图4-145

第四章 武当筋经大壮功（十四式）

11.两掌握拳上提，抱于腰侧，拳心向上。（图4-146）

以上诸动，反复练习，次数自定。

图4-146

第十二式 神龙探爪

【功法分解】

1.两脚并步，正身直立；两掌垂于体侧，指尖向下，掌心向里。目视前方。（图4-147）

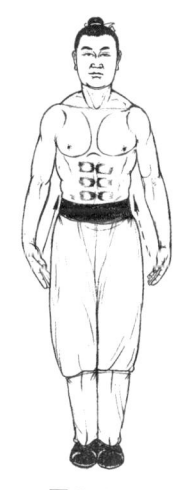

图4-147

219

2. 两掌变拳上提，抱于腰侧，拳心向上。（图4-148）

图4-148

3. 右拳变掌，伸臂上举于右肩正上方，指尖向上，掌心向左。（图4-149）

图4-149

4. 身向左转，向左下俯身，两腿挺直；同时，右掌扣指成爪，向左腿前外侧直臂抓按，稍高过踝，爪心向下，虎口斜向左后。目视右爪。（图4-150）

图4-150

图4-151

5. 右爪贯劲，直臂划移至右腿前外侧，稍高过踝，爪心向下，虎口向左。（图4-151）

6. 右爪抓握成拳，向上勾腕，使拳心向上，拳眼向外。目视右拳。（图4-152）

图4-152

221

7. 上身立起；右拳上提，抱于腰侧，拳心向上。目视前方。（图4-153）

图4-153

8. 右拳变掌上举，伸臂至右肩正上方，指尖向上，掌心向左；同时，左脚向左摆跨一步，成大开步。（图4-154）

图4-154

第四章 武当筋经大壮功（十四式）

9．身体向左侧倾，腰部向左斜折，头部向左斜扭；右掌直臂向左侧压伸，右臂约与地面平行，指尖向左，掌心向下；两膝挺直，不得弯曲。目光斜视。（图4-155）

图4-155

10．上身向左前下俯，腰部向左弯下；右掌屈指成爪，顺势抓按至左脚前上侧，爪心向下，虎口斜向左侧；两膝挺直。目视右爪。（图4-156）

图4-156

11. 用力抬头；其他不变。目视左前方。（图4-157）

图4-157

12. 两腿屈蹲成左马步；同时，上身仰起，右爪转腕，直臂上提，使爪心向上，虎口向前，约与膝平。目视右爪。（图4-158）

图4-158

第四章　武当筋经大壮功（十四式）

13. 身体向右转；右爪向右划弧，置于右膝外侧，直臂勾腕，爪心斜向上，虎口向前。目视右爪。（图4-159）

图4-159

14. 右爪变拳，收抱腰侧；左脚内收，两脚并步。（图4-160）

15. 接练右势，方法参上。（图略）

以上诸动，反复练习，次数自定。

图4-160

第十三式　游龙吊尾

【功法分解】

1. 两脚并步，正身直立；两掌垂于体侧，指尖向下，掌心向里。目视前方。（图4-161）

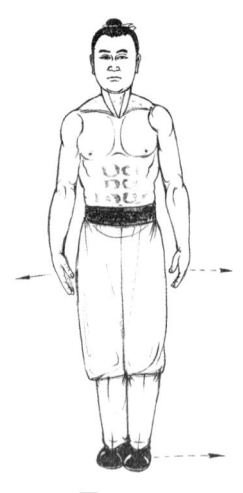

图4-161

2. 左脚向左横摆一步，成大开步；同时，两掌向外撑开，两臂斜伸。（图4-162）

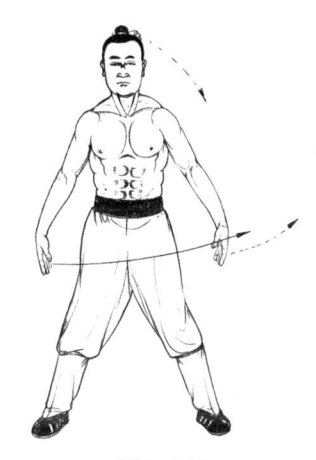

图4-162

3. 上身向左前下俯；同时，两掌直臂斜向左前方摆伸，掌心向下，虎口相对，约与腹平。目视下方。（图4-163）

图4-163

4. 向右后仰，腰部后弯；两掌向左后上方弧形摆伸。目视上方。（图4-164）

图4-164

5. 两掌向右划弧，摆伸至右侧，掌心向下，虎口相对，约与腹平；上身向右前下俯。目视下方。（图4-165）

图4-165

第四章 武当筋经大壮功（十四式）

6. 两掌向左下划弧，摆伸至正前方直臂按地，指尖向前，虎口相对；上身前俯，两膝伸直。目视地面。（图4-166）

图4-166

7. 两臂与两腿均伸直不变，两掌不要离地；头部左转，臀部左扭。目视左侧。（图4-167）

图4-167

8. 头部右转,臀部右扭。目视右侧。(图4-168)

图4-168

9. 头、臀回正。目视地面。(图4-169)

图4-169

10. 头部仰起，尽量上抬。目视前上方。（图4-170）

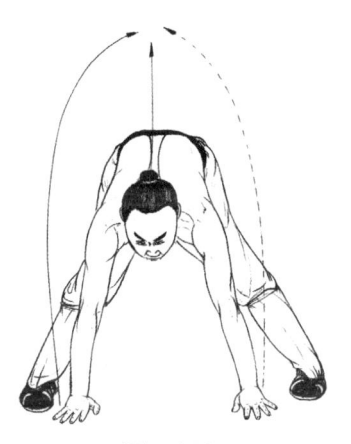

图4-170

11. 上身立起；两掌向肩部前上方推撑而起，两指尖斜相对，掌心斜向上，高过头顶，两臂稍屈。目光上视。（图4-171）

图4-171

231

12.两掌握拳，分向体侧，拳心斜向里，拳面斜向上，约与胸平，两臂稍屈。目视前方。（图4-172）

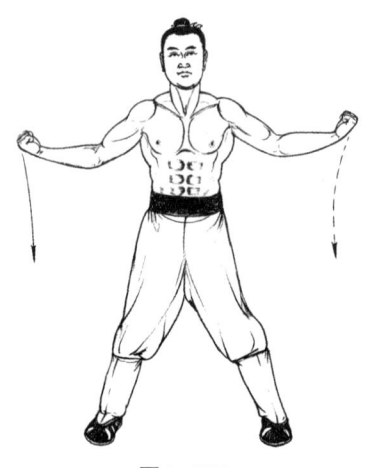

图4-172

13.两拳变掌下落，直臂斜伸于体侧，虎口向前，指尖斜向下。（图4-173）

14.接练右势，方法参上。（图略）

以上诸动，反复练习，次数自定。

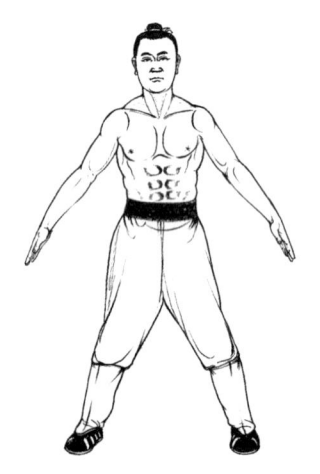

图4-173

第十四式　万法归宗

【功法分解】

1. 两脚并步，正身直立；两掌垂于体侧，指尖向下，掌心向里。目视前方。（图4-174）

图4-174

2. 左脚向左横摆一步，成大开步；同时，两掌向外撑开，两臂斜伸。（图4-175）

图4-175

3. 两掌内合，上托至小腹两侧，指尖相对，掌心向上。（图4-176）

图4-176

第四章 武当筋经大壮功(十四式)

4.右掌向左上方划劲托起,置于头顶上方,掌心斜向上,指尖向左,右臂微屈;同时,左掌向左下按于左胯外侧,指尖向前,左臂伸开。右托左按,两相争力。(图4-177)

图4-177

图4-178

5.右掌下落,左掌上提,两腕相交于胸前,左内右外。(图4-178)

6．身向右转；左掌向右上方划劲托起，置于头顶上方，掌心斜向上，指尖向右，左臂稍屈；同时，右掌向右下按于右胯外侧，指尖向前，右臂伸开。拧腰助劲，左托右按，两相争力。（图4-179）

图4-179

图4-180

7．上身回正；左掌划弧下落，置于胸前侧，掌心向下，指尖向右；右掌划弧左转，置于小腹前，掌心向上，指尖向左；两掌成抱球状。目视左掌。（图4-180）

第四章 武当筋经大壮功（十四式）

8．两掌以抱球势于腹前揉转一圈，使右掌在上，左掌在下。（图4-181）

图4-181

9．两掌下落，分于体侧，十指撑开，掌心向后，两臂斜伸。目视前方。（图4-182）

图4-182

237

10. 上身前俯，两腿微屈；同时，两掌向后下划弧，于两腿后侧交叉。目视两手。（图4-183）

图4-183

11. 两手分开，向前划弧，右掌按压左小腿，左掌按压右小腿。目光下视。（图4-184）

图4-184

12. 上身立起；两掌左右分开，直臂斜伸，指尖斜向外，掌心斜向上。目视前方。（图4-185）

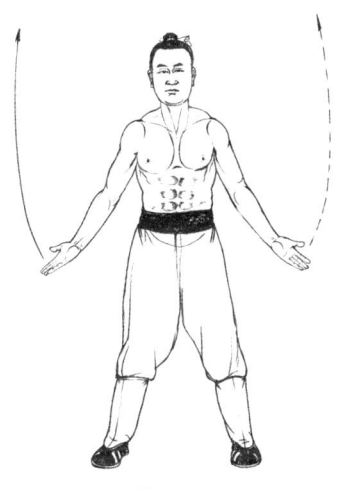

图4-185

13. 两掌向上弧线举起，至头顶外上方（高过头顶，两臂稍屈），指尖斜向上，掌心斜相对，如抱球状。（图4-186）

图4-186

14. 两掌握拳，向里屈肘勾腕，收至肩上方，拳心向下，拳面向里，约与耳平。（图4-187）

图4-187

15. 两拳翻腕，下压至胸侧（腋前），拳轮斜相对，拳背斜向下。目视下方。（图4-188）

图4-188

16.两拳变掌,落于体侧;左脚收步,并步立正。调匀呼吸,气归丹田;周身松劲,全套收功。(图4-189)

图4-189

第五章

武当筋经浑元功（十式）

武当筋经浑元功，是武当筋经功的一套传统秘功。

此功以"五段调手功"为根、为重，通过手臂功的锻炼，使双臂灵活，双手有力。继以"蹲挺势"，来增强腿脚力量，使桩步坚壮；再以"探海势"与"扳角势"，来拉伸腰背筋经，使腰部柔韧灵活；辅以"里合势"，通过仰卧来勾腰举腿，渐使周身合劲；最后以"排击法"增强卫气，丰实肌骨，坚壮筋膜。

此功诀曰:"调手通臂,腰腿连体。周身排击,浑元一气。"诸功相合,使人手脚灵便,筋骨丰实,经气充盈。用于养生,自然使人身体强壮,精力旺盛,脏腑康健,无病少疾。用于技击,可抗击打,少受损伤;一旦发力,拳脚快捷,出手如铁,可一击伤敌。

第一式　初段调手功

【功法分解】

1. 两脚并步，正身直立；两掌垂于体侧，指尖向下，掌心向里。目视前方。（图5-1）

图5-1

2. 两脚尖外摆，成外八字步；同时，两掌向上提起，端于两乳前，掌心向上，指尖相对，两肘外撑。（图5-2）

图5-2

第五章　武当筋经浑元功（十式）

3. 两掌外拉，置于肋侧，掌心向下，指尖向前。（图5-3）

图5-3

4. 两掌下插，至小腹之前，掌背相贴，指尖向下。（图5-4）

图5-4

245

5. 两掌上提外旋，端于两乳前，掌心向上，指尖相对，两肘外撑。（图5-5）

图5-5

6. 两掌握拳内旋，拳心向里，拳眼向上，两肘稍向上提。（图5-6）

图5-6

7. 两拳里合，使拳面相抵，拳心向下；随之，两脚向外各开一步，屈蹲成正马步。（图5-7）

图5-7

8. 伸膝立身，两脚各收半步，成小开步（两脚间距与肩同宽）；随之，两拳伸臂上举，置于两肩正上方，拳心相对，拳面向上。（图5-8）

图5-8

9. 左脚横开半步，成大开步；同时，两拳变掌，屈肘下收于两肩前外侧，掌心向前，指尖向上，略高于肩。（图5-9）

图5-9

10. 两掌合拢，遮于面前，两大拇指相贴，掌心向前，指尖向上，约与额平。（图5-10）

图5-10

11. 两掌伸臂向前下按，拇指仍相接，掌心向下，指尖向前，高与肩平。（图5-11、图5-11附图）

图5-11

图5-11附图

12. 两掌外旋分开，使两臂平行，掌心向上，指尖向前，高与肩平。（图5-12）

图5-12

13. 两掌屈指握成空心拳，以两拳心砸击小腹部。目光下视。（图5-13）

图5-13

14. 两拳变为掌，向前上伸，掌心向上，指尖向前，高与肩平，两臂平行。目视前方。（图5-14）

图5-14

第五章　武当筋经浑元功（十式）

15. 两掌屈肘向后下拉，置于肋侧，掌心向下，指尖向前。（图5-15）

图5-15

16. 两掌伸臂向下插去，置于两大腿外侧，掌心向后，指尖向下。（图5-16）

图5-16

17. 两手握成空心拳，以两拳心砸击小腹。（图5-17）

图5-17

18. 两拳伸指变掌，上端于两乳前，掌心向上，指尖相对。（图5-18）

上述诸动，反复练习，次数自定。

图5-18

第二式　二段调手功

【功法分解】

1. 两脚大开步站立；两掌端于两乳前，拇指与食指尖相扣，其余三指伸开（道家"指诀"之一，名曰"道号"），指尖相对；意守丹田，调息片刻。目视前方。（图5-19）

图5-19

2. 两手向前上直臂伸出（食指与拇指伸开），指尖向前，掌心向上，两掌外沿相贴，高与肩平。（图5-20、图5-20附图）

图5-20

图5-20附图

3. 两掌屈臂收回，平端于两乳前（拇、食二指相扣），其余指尖相对。（图5-21）

图5-21

第五章 武当筋经浑元功(十式)

4. 两手内旋,向前上直臂伸出(食指与拇指伸开),掌心向外,虎口在下,两手小指相贴,高与肩平。(图5-22、图5-22附图)

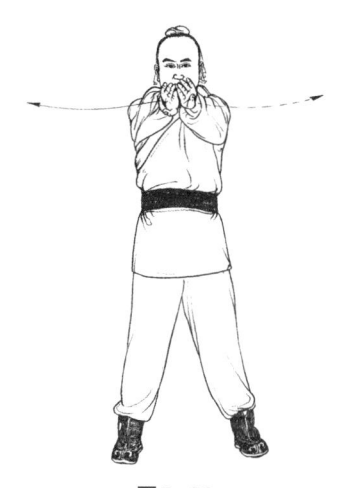

图5-22 　　　　　图5-22附图

5. 两掌外旋,向两侧展臂分开,掌心向上,指尖向外,高与胸平。(图5-23)

图5-23

6. 两掌握成空心拳，向前下抡，用拳心砸击小腹。目视前下。（图5-24）

图5-24

7. 两拳变为掌，向两侧直臂伸开，掌心向下，指尖向外，高与肩平。目视前方。（图5-25）

图5-25

第五章 武当筋经浑元功（十式）

8. 两掌向胸口合拢，右掌心按压左掌背，两掌小指在前。目视右掌。（图5-26）

图5-26

9. 两肘外撑，高与肩平；两掌提至胸前，指尖相对，掌心向下。目视前方。（图5-27）

图5-27

257

10. 两掌向胸口合拢，右掌心按压左掌背，两掌小指在前。（图5-28）

图5-28

11. 两掌分开，收至肋侧，掌心向下，指尖向前。（图5-29）

图5-29

12. 两掌握成空心拳，向下抡砸小腹。（图5-30）

图5-30

13. 两拳变为掌（拇、食二指相扣），沿腹前上起，端于两乳前，指尖相对，掌心向上。（图5-31）

上述诸动，反复练习，次数自定。

图5-31

第三式　三段调手功

【功法分解】

1. 两脚大开步站立；两掌端于两乳前，指尖相对，掌心向上，肘尖外张。目视前方。（图5-32）

图5-32

2. 两掌上提，使指尖向上，约与肩平，掌心斜向外，虎口在前；两肘夹肋。（图5-33）

图5-33

3. 两掌内转，使两掌背相贴，置于心口前，虎口向里，指尖向下；两肘前顶。（图5-34）

图5-34

4. 两指尖上转，提至鼻尖前，两掌背仍相贴，掌心向外，虎口向前。（图5-35）

图5-35

5. 两肘外撑，约与肩平；两掌撮拢成勾手，向外拉开，移至肩前，勾尖向上，虎口向前。（图5-36）

图5-36

6.两勾手变空心拳，合拢至心口前，右拳心贴住左拳背，两拳眼均向上。（图5-37）

图5-37

7.两肘外撑，约与肩平；两拳向左右拉开，稍低于肩，拳心向里，拳眼向上。（图5-38）

图5-38

8.两拳向心口前合拢，使拳背相贴，拳眼向前；两肘夹肋。（图5-39）

图5-39

9.两肘外撑，约与胸平；两拳内旋，向上提起，拳心向下，拳眼向里，拳面相对。（图5-40）

图5-40

第五章 武当筋经浑元功（十式）

10. 两拳向正前方伸臂冲出，拳面向前，拳眼相贴，高与肩平。（图5-41、图5-41附图）

图5-41

图5-41附图

11. 两臂屈肘后收，使拳面相抵，拳心向上，置于胸口前。（图5-42）

图5-42

12. 两拳下抡，用拳心砸击小腹。目视下方。（图5-43）

图5-43

13. 两拳变为掌，提至胸前，掌心向下，指尖相对；两肘外撑，高与肩平。目视前方。（图5-44）

图5-44

14. 两掌合于胸前，右掌心按压左掌背，两手小指在前。（图5-45）

图5-45

15. 两肘外撑，约与肩平；两掌上提，分至胸侧，掌心向下，指尖相对。（图5-46）

图5-46

16. 两掌向前直臂伸出，右掌心按压左掌背，指尖向前，高与肩平。（图5-47、图5-47附图）

图5-47

图5-47附图

17. 两掌下落，收至肋侧，掌心向下，指尖向前。（图5-48）

图5-48

第五章 武当筋经浑元功(十式)

18. 两掌握成空心拳,下抡砸击小腹。目光下视。(图5-49)

图5-49

19. 两拳变为掌,上端于两乳前,掌心向上,指尖相对。(图5-50)

上述诸动,反复练习,次数自定。

图5-50

269

第四式 四段调手功

【功法分解】

1. 两脚大开步站立；两手捏成"道号"端于下腹前，手心向上，指尖相对；意守丹田，调息片刻。目视前方。（图5-51）

图5-51

第五章 武当筋经浑元功（十式）

2. 两手上托而起，移至胸前，手形不变。（图5-52）

图5-52

3. 两掌相合于胸前，右掌心按贴左掌背，食指与拇指伸开，两虎口向上。（图5-53）

图5-53

4．两肘外撑，约与肩平；两掌外分，提至胸侧，掌心向下，指尖相对。（图5-54）

图5-54

5．两掌向前方直臂伸出，右掌心按压左掌背，掌心向下，指尖向前，高与肩平。（图5-55、图5-55附图）

图5-55 　　　　　　　　图5-55附图

6. 两掌屈肘内收，按于胸口前，右掌心贴按左掌背，两虎口均向上。（图5-56）

图5-56

7. 两掌伸臂下插，掌背相对，指尖向下，两臂平行。（图5-57）

图5-57

8. 两掌背相撞，反复数次。（图5-58）

图5-58

9. 两掌变为拳，收向腰后，右拳背贴压左拳心，左拳背贴于命门穴。（图5-59、图5-59附图）

图5-59

图5-59附图

10. 两拳背捶打两腰眼穴，反复数次。（图5-60）

图5-60

11. 两拳眼捶打两腰眼穴，反复数次。（图5-61）

上述诸动，反复练习，次数自定。

图5-61

第五式　五段调手功

【功法分解】

1. 接上式。步形不变；两拳变为掌，自腰后向前上方横掌推出，右掌心推住左掌背，左掌在前（掌心向前），两虎口向下，臂与肩平。目视前方。（图5-62、图5-62附图）

图5-62

图5-62附图

2. 两掌屈肘后收，置于胸前，掌心向里，指尖相对。（图5-63）

图5-63

3. 两掌向前方横掌推出，右掌心推住左掌背，两虎口向下，臂与肩平。（图5-64）

图5-64

4. 两臂屈肘外撑，高与肩平；两掌分开，收至两肩前，掌心向前，虎口向下，指尖相对。（图5-65）

图5-65

5. 身向前俯，两掌向下伸臂插去，置于两脚里侧，掌心相对，指尖向下，两臂平行；同时，两脚跟稍向外碾，两膝挺直。目视前下方。（图5-66）

图5-66

第五章 武当筋经浑元功（十式）

6. 身体立起，两脚跟里收；同时，两掌向两肩正上方伸臂托起，掌心斜向上，指尖斜相对。目视前方。（图5-67）

图5-67

7. 两掌屈肘下落，置于两肩侧，掌心斜向上，指尖斜向后。（图5-68）

图5-68

8. 两掌变拳里合，使拳面相抵，贴于胸口前，拳眼向里。（图5-69）

图5-69

9. 两拳伸臂下栽，置于胯两侧，拳心向后，拳眼相对。（图5-70、图5-70附图）

图5-70

图5-70附图

10. 两拳变掌上提，端至两乳前，掌心向上，指尖相对。（图5-71）

图5-71

11. 两掌变成勾手，伸臂向下勾挂（稍带用劲），置于胯两侧，勾尖向上，虎口向里。（图5-72、图5-72附图）

上述诸动，反复练习，次数自定。

图5-72 　　　　图5-72附图

第六式　蹲挺式

【功法分解】

1．两脚大开，两腿屈蹲成正马步（低势），两大腿约与地面平行；同时，两掌下按于裆部前下方，指尖相对。目视前方。（图5-73）

图5-73

2．两腿挺膝立身，成大开步；两掌不变。（图5-74）

图5-74

3. 两掌外转，两臂贴身，掌心向下，指尖向外，掌根用力下按，指尖上撑。（图5-75）

图5-75

4. 两腿屈蹲，成低势正马步；同时，两掌直臂下按于两腿后侧，低丁两膝。（图5-76）

图5-76

5. 低势马步不变；两掌向上划劲，以右掌心按住头顶，左掌心按住右掌背，两手虎口皆向后。（图5-77）

图5-77

6. 两腿挺膝立身，成大开步；同时，头部上起，与两掌两相较劲（头部上顶为主劲，两掌下按为辅劲，以此可增强颈项力量）。（图5-78）

上述诸动，反复练习，次数自定。

图5-78

第七式 探海式

【功法分解】

1. 上身前俯；两掌伸臂按地于裆下，虎口相对，指尖向前；两腿成大开步，两膝伸直。目视两掌。（图5-79）

图5-79

图5-80

2. 上身立起；同时，两掌握成空心拳，缓缓上提（如负重物），屈臂端至胸前，拳心向上，拳面相贴。目视前方。（图5-80）

3. 上身前俯；两拳变为掌，伸臂按地于裆下，指尖相对，虎口在后。目视两掌。（图5-81）

图5-81

4. 上身浮起；两掌提起，置于两膝前侧，指尖相对，掌心向下。（图5-82）

图5-82

5. 两掌以腕为轴，指尖绕膝划弧约一周，提至两膝上侧，掌心向上，指尖仍相对。（图5-83）

图5-83

6. 上身立起；两掌上端，至胸口之前。目视前方。（图5-84）

图5-84

7. 两掌翻腕，向头顶上方伸臂托举，指尖斜相对，掌心斜向上。（图5-85）

图5-85

8. 左掌向上伸举不变；右掌五指屈勾成猴手（五指屈勾，拇指捏住食指腹），下落至左额侧，向脑后绕一圈，停于右额侧，手心向外，虎口在后，指尖斜向下，约与腮平。（图5-86）

图5-86

第五章 武当筋经浑元功（十式）

9. 左掌变猴手下落，至右额前时向脑后一绕，收至左额侧，手心向外，虎口在后，指尖斜向下，约与额平。（图5-87）

图5-87

图5-88

10. 右脚尖左扣，正对左脚内弓；左腿微屈；身向右扭。目视右脚跟。（图5-88）

11. 右脚回正，左脚尖右扣，身向左扭，练法同上。（图略）

上述诸动，反复练习，次数自定。

第八式　扳角式

【功法分解】

1. 两腿成大开步，两膝伸直；右掌垂于体侧，掌心贴身，指尖向下；左掌右伸，以掌心按住右额角。目视左下。（图5-89）

图5-89

2. 上身前俯；脸部向左下探，缓缓接近左膝。（图5-90）

图5-90

3. 身体上起；左手扳住右额角，向左上扭转。目视左后方。（图5-91）

图5-91

4. 上为左势。接练右势，练法参上。（图略）

上述诸动，一左一右，反复练习，次数自定。

5. 两手握拳，以拳轮捶击两侧太阳穴数次，力度适当，轻缓震动，可通经益气，明目醒脑，振奋精神，提劲贯力。（图5-92）

图5-92

第九式　里合式

【功法分解】

1. 身体仰卧；两掌伸臂贴于体侧，虎口向上，掌背向外。（图5-93）

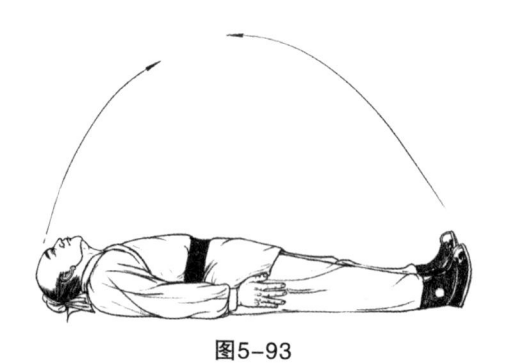

图5-93

2. 上身立起；同时，两腿挺起（不要弯曲），两脚尖向后收拢，两掌上扳两大腿助劲。（图5-94）

图5-94

第五章 武当筋经浑元功（十式）

3.头面与腰部向前勾压，用力接近两腿。随着功力增加，额头可随意贴住腿部，两掌也不必助劲。（图5-95）

反复练习，坚持为功，可使脖颈与腰腿气力大增。

图5-95

第十式 排击法

【功法分解】

1.大开步站立，提神贯劲；先用绿豆袋，再用铁砂袋，反复捶击小腹。（图5-96）

图5-96

2. 手持木槌，反复捶击小腹。（图5-97）

图5-97

3. 由陪练用掌拍击小腹。（图5-98）

图5-98

4. 由陪练用拳冲击小腹。（图5-99）

图5-99

5. 用绿豆袋与铁砂袋排击额部。（图5-100）

图5-100

6. 用袋排击头顶。（图5-101）

图5-101

7. 用袋排击眼眶周围（不得触及眼球）。（图5-102）

图5-102

8. 用袋排击鼻梁（轻触即可）。（图5-103）

图5-103

9. 先用绿豆袋，再用铁砂袋，继用木槌等练功物件，排击全身各外，练法参上。（图略）

练习之时，一定要由轻到重，由慢至快，循序渐进，把握力度，防止受伤。

在练功前后，可对受击部位，行按摩之法，以活泼血气，去火增功。